U0930750

中小学生核心素养系列丛书

中小学生防骗防拐卖教育知识读本

陶红亮 / 编著

北方联合出版传媒(集团)股份有限公司
万卷出版公司

图书在版编目（CIP）数据

中小学生防骗防拐卖教育知识读本 / 陶红亮编著 . -- 沈阳：万卷出版公司，2020.1（2022.6重印）
（中小学生核心素养系列丛书）
ISBN 978-7-5470-5233-4

Ⅰ. ①中… Ⅱ. ①陶… Ⅲ. ①安全教育—中小学—课外读物 Ⅳ. ①G634.203

中国版本图书馆CIP数据核字（2019）第254229号

出 品 人：王维良
出版发行：北方联合出版传媒（集团）股份有限公司
万卷出版公司
（地址：沈阳市和平区十一纬路 25 号　邮编：110003）
印 刷 者：天津盛奥传媒印务有限公司
经 销 者：全国新华书店
幅面尺寸：170mm × 240mm
字　　数：110 千字
印　　张：7
出版时间：2020 年 1 月第 1 版
印刷时间：2022 年 6 月第 2 次印刷
丛书策划：陈亚明　李文天
责任编辑：赵新楠
特约编辑：赵智谋
责任校对：张希茹
封面设计：何洁薇
ISBN 978-7-5470-5233-4
定　　价：28.00 元
联系电话：024-23284090
传　　真：024-23284448

前言

社会向前发展并不代表旧的、糟糕的事物灭亡，街头诈骗分子的一些老伎俩如免费抽奖、贼喊捉贼、捡钱分钱等，依然可以欺骗不少人。与此同时，飞速发展的社会中也出现了不少新的诈骗手段，如电话诈骗、网游诈骗、网购诈骗、网络钓鱼等。中小学生刚刚接触社会，易受诱惑、暗示，容易轻信陌生人。他们思想单纯，缺乏社会经验；他们缺乏责任感，有贪小便宜心理。犯罪分子利用中小学生这些弱点，将新、老伎俩结合，对中小学生进行诱骗。通过本书，我们希望中小学生能够对所有诱惑保持警惕，认识到小小的诱惑背后可能会隐藏着大大的危险，远离各种五花八门的诱惑；能够巧妙地应对热情好心的陌生人；能够弄清各种电信诈骗的套路；学会去保护个人及家庭信息安全；面对绑匪时能够自我保护。

中小学生要牢记天上不会掉馅儿饼。抽到数字一到五即可免费领取奖品，抽到数字六则需要交钱，同学们是否觉得中奖的概率很大呢？但是只要你一抽，一定是99%

以上的概率抽到数字六，这是为什么呢？同学们有没有发现参与免费抽奖时，运气超级好，随便一抽都是特等奖、一等奖，而想要得到奖品就一定要补差价。有的同学在大街上行走时，恰巧看见某个人在自己面前掉了一沓钞票，正好又有个陌生人跑来捡起，然后提出要平分。面对这些街头骗人老伎俩，同学们只须牢记天上不会掉馅儿饼，直接忽视，不去参与即可。

随着科技的发展，越来越多的中小学生拥有了自己的手机，很多家庭都配置了电脑。因为手机、电脑的普及，世界越来越小，沟通越来越简单。有了电信网络，同学们只需一键即可购买国内外商品；有了电信网络，同学们便可随时随地与好朋友视频。但是，电信网络骗术也应运而生。比如，网络钓鱼骗取账号信息、盗取银行卡密码、手机号被盗收到恐吓短信、QQ 号被盗使用视频骗钱等。不过好在电信诈骗都是有套路的，只要同学们平常稍微留意细心一点，就可以识别电信诈骗。比如，QQ 好友向你借钱，并企图与你视频，让你相信确实是好友本人，等你同意开视频时，对方会说信号不好，很快挂断，然后给你发文字信息，其实这不过是骗子事先录好的经过处理的声音或图片而已。

害人之心不可有，防人之心不可无。中小学生在与人打交道的过程中，要时刻保持警惕。对任何场合（包括校园内、校园外、旅途中、公共场所、网络上等）的陌生人，都需要保持距离，不独自与陌生网友见面，不上陌生人的车给陌生人带路，不接受陌生人的礼物。

安全意识很重要。中小学生之间要团结友爱，互帮互助，不应互相攀比，不向同学炫富，以免遭到同学的嫉妒和校外人员的觊觎，给自己带来潜在的安全隐患；外出时尽量不要落单，要与同学结伴而行，要与家人做好约定；不要随意在大街上或向陌生人透露自己家庭信息；迷路时要警惕坏人陷阱，求助正确对象。

遇到绑匪要冷静。中小学生在被陌生人跟踪时，可以走进附近派出所，甩开陌生人；被人强行拽上车时，要善于利用旁边物品引起注意，比如砸碎旁边车窗玻璃；被绑匪绑到陌生地点时，要保持冷静，观察环境，弄清绑匪意图，不要做出惹怒绑匪的举动，以免受到绑匪的攻击。

目录

第一章

校园中的骗术，小心温柔背后的陷阱

第二章

街头常见骗术，忽悠欺骗没商量

第三章

电信网络骗术，弄清套路是关键

第四章

警惕拐骗，提高安全意识很重要

第五章

面对陌生人，巧妙防范很关键

第六章

遭遇拐骗，学会自我保护

第一章

校园中的骗术，小心温柔背后的陷阱

作为一名中小学生，你知道校园诈骗的主要手段有哪些吗？如何预防校园诈骗？你相信你的同学可能会把你卖了吗？在学校里发现可疑人员应该怎么办？接到陌生人的邀请应该如何应对？

001 校内常见的诈骗手段

学校是老师教书育人、学生学习知识的殿堂，是一方相对安全的净土。然而，有一些不法分子，利用各种手段潜入校内，对单纯、安全意识较弱的中小学生进行诈骗。因此，即便是在校园内部，同学们也不能放松警惕，要了解校内常见的诈骗手段，保护自身生命财产安全。

中学生肖某是一名住校生，平时在学校食堂刷卡吃饭。一天中午，他正在排队打饭，一名陌生人向他走过来："同学，你能帮我刷一下卡吗？我在微信上给你转钱。"肖某一口答应，并让他站在自己的前面。打完饭之后，两人一块吃饭。肖某告诉陌生人自己是在校生，住在 × 栋 × 号宿舍，周末要回家。过了周末，肖某从家里回到宿舍时，发现自己宿舍里的好多东西都不见了，未回家的室友告诉他，周末时，一个陌生人称是他的朋友，过来帮他取东西呢。肖某疑惑地说："没有这回事啊！"两人突然明白了，东西被别有用心的陌生人偷走了。肖某立刻去宿舍值班室找老师汇报了这件事，宿管老师调出周末监控，确实有一名陌生男子进入宿舍，拿走了肖某的东西，肖某认出这个人就是前两天在食堂遇见的陌生人。

小虎今年六年级，很喜欢踢足球。周三放学后，小虎像往常一样抱着足球奔向操场，忽然被一个慌张的陌生人拦住去路。“小朋友，我的孩子偷偷跑进你们学校里了，我找了半天没找着，我对学校不熟悉，不知道还有哪些地方没找，你能帮帮我，跟我一起找找吗？”“好，我知道学校有几个比较偏僻的地方，我带你去看看。”小虎热情地答道。陌生人谢过小虎，跟在小虎后面。小虎带着他往偏僻地点寻找，因为是放学时间，加之地方太偏僻，所以那里没有一个人。忽然，陌生人从后面抓住小虎，拿出一把水果刀，让他交出身上的钱和值钱的物品。小虎不敢反抗，只得乖乖地把身上的零花钱给他，手机也交给了他。

近年来，诈骗形式越来越多，不经意间同学们可能就会掉进诈骗分子的坑里。案例中的两位同学均是因为缺乏防范意识，轻易地相信陌生人，才使自身财产受到损失。同学们一定要记住，无论在哪里，在任何场合遇到陌生人都要保持警惕，不能想当然地以为学校里都是好人，盲目地相信校园里的陌生人。

中小学生要了解并熟悉校内常见的诈骗方式，最大限度地避免掉入诈骗分子的坑里。

1. 假借特殊身份，骗取同学信任。有一些诈骗分子利用假名片、假身份骗取中小学生的信任，如学校新来的老师、来学校演讲的名人、××× 书法家、××× 教育专家等。中小学生一般不会去质疑这些有身份的人，他们很相信专家、老师、教育专家等权威，把他们的话奉为圭臬。骗取同学信任之后，这些人就开始对同学们实施诈骗，如询问同学们的家庭信息、父母工作等。

2. 硬拉关系。有的骗子会假装不经意间与中小学生搭讪，借机硬拉关系，如老乡、邻居等，之后开始套近乎，常常假装巧合碰见，再以各种借口向学生求助，有些学生碍于面子、出于义气而借钱。

3. 急需帮助。有的诈骗分子会假装急需帮助，制造紧张氛围，如谎称钱包丢在校园里、孩子在校园里跑丢或者没钱吃饭等。

4. 坏的说成好的，假的说成真的。有的骗子利用中小学生辨别产品能力不足，无法辨别真假、好坏的特点，去学生宿舍里推销商品，使劲吹捧假冒伪劣产品，诱导中小学生购买。

5. 高薪招聘校园代理。有的诈骗分子会以公司诚招校园代理为由，接近中小学生，然后拿出“公司盖章的合同”、自己的身份证，博取中小学生的信任，再骗取中小学生向其缴纳一定的代理费。

为了不受骗，中小学生要注意以下事项：

1. 不轻易相信陌生人。不要向陌生人透露自己的个人信息，如电话、住址；不要轻信陌生人的身份；不要借钱给陌生人。

2. 不贪图小便宜。不要相信推销人员所说的物美价廉的产品；不要相信薪资高、工作轻松的兼职；不要招惹校园代理。

3. 不要同情心泛滥，冒失地帮助别人。在校园内遇到急需帮助的陌生人，可以让他去找老师、保安。

002

校园诈骗的预防措施

时代在发展，骗子的诈骗手段也变得越来越高明，中小学生思想单纯，极易相信人，往往会成为骗子的目标。为了不落入骗子的圈套中，中小学生一定要采取措施预防诈骗，保护自己的利益不受侵犯。

开学的第一天晚上，一名自称××文化公司的推销员来到了某中学宿舍，该推销员称其产品物美价廉，好看耐用，可以按批发价卖给同学们，同学们再转手高价卖给别人，自己就可以当老板挣钱。很多中学生听了，觉得他说得有道理，纷纷掏钱购买，王某就是其中之一。王某一次性买了200元钱的商品，有笔记本、圆珠笔、小饰品等，后来王某发现这些东西都不能使用，想找推销员退货，却怎么也找不到人。

张某今年九年级了，是一名住校生，每个月父母会给他1000元生活费，偶尔会高于这个数。一天，张某正在宿舍收拾东西，一个陌生人推开宿舍门，冲着他说张某的好朋友杨某在外地旅游，钱包被偷了，急需钱买票回家，向张某借500元钱。并称自己也是杨某的好朋友，但自己身上没钱，杨某才让其来找张某。张某听到后，立即给了对方500元，对方称要先去银行把钱汇过去，改天再来找张某玩。过了两天，张某打电话给杨某，想问其是否已经平安回家，不料杨某却说从不曾拜托过任何人向他借钱，也没去旅游，钱包更没被偷。

校园诈骗形式越来越多，花样更是五花八门，同学们稍不注意，就会陷入诈骗分子的陷阱，导致财产受到损失。面对多种形式的诈骗，中小学生必须要采取一些预防措施，以避免落入骗子的圈套中，成为受害者。以下是几种中小学生可采用的防诈骗措施：

1. 中小学生要有防诈骗意识。俗话说：“害人之心不可有，防人之心不可无。”中小学生要提高防范意识，学会自我保护。社会环境复杂多变，中小学生一定要尽快适应环境，学会自我保护，积极参加学校组织的安全防范和法制教育活动，要多了解、多掌握一些防骗知识。在日常生活中，中小学生要做到不谋取私利、不贪图便宜；在提倡奉献爱心、助人为乐的同时，提高警惕，不要轻信花言巧语；不能随意将自己的家庭地址等情况告诉陌生人，防止上当受骗；如若看到可疑人员，一定要及时报告，上当受骗以后要及时报案，让骗子受到应有的法律制裁。

2. 中小学生不要感情用事。如果中小学生只凭感情用事，做事情总是跟着自己的感觉走，就很容易上当受骗。骗取钱财是骗子的目的，所以，对于表面上讲“哥们义气”“感情”的骗子，尤其是刚刚认识的“老乡”“朋友”“落难者”，一定不要被表象蒙蔽，要能够听其言、观其色、辨其特征，理智看待问题。对于刚认识的“朋友”，不要轻易对对方掏心掏肺。如果你认为对方的钱财要求超乎常理或者不合实际，应该及时向保卫部门或者老师反映，以免遭受不应有的损失。另外，对于上门客，中小学生一定要小心处置，尽可能不为他们提供单独行动的空间和时间，不要为对方创造作案的条件。

3. 中小学生不要贪图小便宜。中小学生要明白，天上不会掉馅儿饼，面对陌生人对你许诺的利益，中小学生应该深思，并进行调查，做到三思而后行。通常情况下，博取信任和骗取财物是骗子行骗的两个阶段，第一个阶段尤为重要。为了博取你的信任，骗子可能会提供一些对你十分有利的条件，要保持头脑清醒，不要被这些“好处”和“横财”冲昏了头脑。

4. 中小学生要服从学校的管理，自觉遵守学校的规定。学校制定了一系列管理制度和规定，用来约束中小学生的行为，在执行的过程中，也许会给中小学生带来不便，但是这些制度是不可或缺的。而且，大部分校园管理制度就是为了防止犯罪分子以及闲杂人员混入校园作案，从而使中小学生的正当权益和校园秩序得到维护。所以，中小学生必须认真执行学校的有关规定，并积极支持相关部门履行管理职能。

003

小心你的同学把你卖了

对大部分中小学生来说，与同学在一起的时间很长，甚至可能会超过父母。因此，他们对自己的同学，尤其是好朋友，常常是没有防备心理的。但是，不乏有同学被陌生人利用的可能，或者同学对你产生邪念，伙同外人将你拐卖。当然，这种事情一般不会发生，但同学们还是要有这种安全防范意识，即便是同学之间，也不能放松警惕。

2005年9月9日到10月5日，两名学生干部以看海、外出游玩为名，先后4次将在深圳实习的10名同校女生拐卖到了广东潮州饶平县钱东镇，逼迫这些女生卖淫。其中的一名学生干部张某，曾经年年都被学校评为优秀学生干部。

中学生陆某，刚刚参加完中考。一天，她接到同班同学胡某的电话，让她出去玩，并称她最好的朋友杨某也会去。当晚几个同学都未回家。几家家长到处寻找，一周后，胡某和另一个同学被其家人找到。胡某和王某表示陆某和杨某被她们俩以1000元的价钱卖了，至于卖给谁、卖到什么地方，她们也不清楚。

刘某和梁某今年五年级，他们既是同班同学，又是好朋友。两家住得很近，上学、放学路上都结伴一起走。一天，梁某生病没来，刘某放学后只能一个人走回家。走到一个拐角偏僻处时，被两个自称人贩子的陌生人拦住："你要是能帮我们把你的同学骗到指定的地点，我们就不卖你，并且还给你500块钱，怎么样？你别想耍花招，我们每天都盯着你，还知道你家住在哪里，要敢耍花招，我们就先把你家人杀了。"刘某害怕，不停地点头。第二天，他把梁某骗到了指定地点，人贩子也履行承诺给了他500元，并让他再接再厉。

同学拐卖同学这样的事情的确骇人听闻。上面的几个案例中，作案的并不是陌生人，而是受害者最熟悉的人——受害者的同学。

由此看来，中小学生在与同学相处的时候，一定要提高警惕，以免被自己的同学拐卖。

中小学生被同学拐卖的情况大致可以分为三种：

1. 被威胁。中小学生可能被校外犯罪分子威胁，不敢或不会采取正确的措施，只能听从犯罪分子安排，欺骗拐卖同学。

2. 被金钱诱惑。中小学生还未形成正确的金钱观，有的可能难以抵制金钱的诱惑，面对高额的拐卖费，有的同学一时利欲熏心，做出拐卖同学的行为。

3. 不把同学的命当命。在生命面前，中小学生还不知道什么是人人平等；有的人很自私，他们以自我为中心，只顾自我当下的感受，不懂得尊重同学的生命。

4. 法律意识淡薄。有的中小学生可能并不知道拐卖人口是一种犯罪行为，再加上对生命的漠视，很有可能会做出拐卖同学、伤害同学的事情。

为了防止被同学拐卖，中小学生应做到以下几点：

1. 多跟父母聊聊同学之间的事。平时生活中，中小学生要多与自己的父母聊聊同学，可以让父母帮你简单分析哪些同学可以深交。父母社会经验、生活经历都比同学们丰富得多，对人的分辨力要比同学们高。

2. 谨慎交友。中小学生不要和经常与校外小混混交往的同学交朋友；也不要和经常逃课、打架的同学出去玩。

3. 不要在外留宿。在没有经过父母同意的情况下，中小学生不要去同学家里留宿，尤其是女生，如果同学不在家，切忌在对方家里留宿；即便是去熟悉的同学家住宿，也一定要和别的同伴同屋，以免被坏人侵犯。

4. 言行举止要注意。即便是最好的同学朋友，也要互相尊重，不伤对方自尊心，不恶语相向；不炫耀自己的长处；不鄙视他人的短处。

004

发现可疑人员后怎么办

如今，中小学校门禁都比较严，一般外来人员需要登记才能进出校园。但是，也可能会混进一些可疑人员，给中小学生安全带来潜在的威胁。因此，即便是在校园内，同学们也不可麻痹大意，放松安全防范意识，一旦发现可疑人员要立即采取正确的方式处理，把可能发生的骗局、事故扼杀在萌芽阶段。

张某是一名中学生，下午第一节课时，他因肚子不舒服请假去洗手间。在空荡荡的校园里，张某看见一个陌生男子，鬼鬼祟祟地站在宿舍锁住的大门前。张某偷偷躲在角落里，想看看对方要干什么。陌生男子东张西望，发现四周没人时，便翻越大门，跳进了宿舍楼。张某觉得该男子很可疑，便快速跑到学校保卫处报告了情况，保卫室的保安查看了进出校园监控，确实发现一名陌生男子偷偷混入学校。两名保安从后门悄悄进入值班室，打开值班室的监控器。不一

会儿，他们看到一名陌生的男子出现在三楼的走廊上，进入303宿舍，一会儿又进入304宿舍，好像是在挨个宿舍翻东西。保安人员悄悄地爬到三楼，潜伏在楼梯口，陌生男子一出宿舍，立即将其抓获。

王某是一名小学生。为了保证中小学生校园安全，学校成立了专门的巡逻队，每天负责在校园里巡逻。一天，王某和几个好朋友在校园里闲逛。看到教学楼后面有一个陌生人，觉得有点奇怪。奇怪的原因主要有：第一，他一直观察路过的同学，好像在找谁；第二，每当巡逻队过来时，他都会躲在旁边柱子后面，好像害怕被巡逻队发现；第三，他总是时不时回头瞭望巡逻队来的方向。

王某和几个朋友很好奇，想看看他究竟要干什么。当陌生人看见某同学单独行走时，便开始尾随其后，王某觉得不太对劲，便让其中一个同学去向学校巡逻队报告，然后紧跟在陌生人后面。一会儿，巡逻人员过来后，陌生人赶紧躲了起来；巡逻人员假装没看见，继续往前走，躲在旁边陌生人看不到的位置，等陌生人出来后抓住了他。后来才知道这就是前几天被同学举报的、总在学校附近游荡的小混混林某。

案例中的张某、王某发现可疑人员后，第一时间联系了学校保卫处，使嫌疑人被抓获，保护了同学的财产、生命安全，这是一种发现可疑人员后所采取的正确处理方法。中小学生能有这样的安全防范意识，无论学校、还是家长都值得高兴。因此，同学们要向案例中的两位同学学习，发现可疑人员选择正确的处理方式。

在学校中有以下行为的人，均可视为可疑人员：

1. 上课期间在校园内游荡。上课期间，中小学校园内一般不会有陌生人游荡。若是同学们在去洗手间的路上看见陌生人上课期间在校园里游荡，而且东张西望的，便可以及时报告保卫科的叔叔，让他们处理。

2. 携带管制刀具、钳子、铁器等工具。如果同学们看到陌生人带着这些东西在校园里闲逛，要及时报告保卫科或老师。

3. 有意躲避校园巡逻保安。现在的中小学校园都有保安巡逻，如果同学们发现校园里的陌生人在有意躲避校园巡逻保安时，要及时报告保卫处。

4. 进宿舍推销产品、发送广告的陌生人。对于进宿舍推销产品、发送广告的陌生人，同学们也要将其视为可疑人员，以防其诈骗或者偷盗。

005 警惕放学路上热情的陌生人

中小学生身单力薄、防范心理弱、法律意识淡薄，是不法分子侵犯对象之一，尤其是放学路上落单的学生。不法分子会以各种各样的身份，常见的如父母的朋友、问路的陌生人等，接触落单的中小学生，他们利用各种手段激发中小学生的同情心，获取中小学生的信任，然后再施以美食、玩具诱惑，一步一步诱骗中小学生。

有一天，12 岁的小芳一个人走在回家的路上，她心情看起来很好，自信、爽朗是她给人的第一印象。这时，小芳的后面驶来一辆机动三轮车，车主是一名 40 岁左右的男子，看起来很老实，向小芳打听某个地方。小芳正为他指路的时候，她的同学小真路过这里，想要与她一起走，小芳却让小真先走了。小芳指完路以后，男子面露难色，由于地方不好找，于是请求小芳上他的车带他走一段。小芳答应了。上车以后，男子一再表示感谢，还拿出一个苹果让小芳吃。刚吃完苹果，小芳就睡着了。

小芳醒来以后，发现自己的嘴被堵上了，手也被绑上了，而且自己正在一个黑屋里，她意识到自己被拐骗了。小芳听到有一对男女在说话，男子说："这个小姑娘长得还行，厂长一定会满意的。"女子说："如果不是因为儿子工作的事儿，怎么也不能做这样的缺德事儿啊。"男子说："谁让厂长生了一个傻子呢。"女子说："冲冲喜就行了吗？"男子说："咱们只要把她带过去就行了，其他的事儿就别管了。"从对话中，小芳知道他们是要把自己弄过去和一个傻子结婚。小芳想将绳子磨断逃走，可是怎么也磨不断，最后累得睡过去了。

第二天早晨，那对男女来到了小芳跟前，他们给小芳松了绑，并让她吃饭。小芳一边吃一边说："叔叔阿姨，我不认识你们，你们放了我行吗？如果你们自家孩子丢了，肯定也会难过吧？长这么大，我还没有离开过家呢。”男子看女子有点动心了，赶紧说了一句：“快吃，吃完了咱们就出发！”三个人一起出了门。这条街道并不是很繁华，小芳的脸上有泪痕，衣服和头发有点乱，这引起了行人的注意。

趁着那对男女不注意，小芳快速把“救命”两个字写在了墙上，并将自己的手链丢在了那里。一个水果摊的老板看到了，待三人走远以后，就马上报了警。三个人行至一个车站，上了车，车上人很少，而且都昏昏欲睡，小芳不敢求助。一个小时以后，车开至较繁华的县城街道上。男人和女人一前一后夹着小芳下了车，下车后那对男女好像在找地方。就在这个时候男人的手机响了，男人将小芳的手松开去接电话，小芳抓住了这个机会，夺路而逃，逃到了一位正在疏导交通的交警身边。那对男女担心被抓，逃走了。

案例中的小芳，原本在同学小真来时就能逃离坏人控制的，可她没有抓住机会，才被坏人拐走。好在小芳机敏，最终逃了出来。小芳能逃出来，那是她的幸运，但不是每一个被拐卖的孩子都像小芳这么幸运。因此，中小学生独自行走时，要提高对陌生人的警惕，学会正确应对陌生人的邀请，保护自身安全。

平常生活中，中小学生应当注意以下事项：

1. 不要在放学路上停留。放学以后，中小学生应该直接回家，不应走僻静或者空旷的路，也不应独自一人去偏僻的地方玩耍。

2. 对陌生人保持警惕。拐骗者往往会用求助的手段，利用中小学生单纯善良、警惕性弱的特点，诱导中小学生为其带路。这个时候中小学生要学会说“不”，若是对方确实需要帮助，可以让他去找成年人；中小学生可以帮其指路，告诉他如何走，但不能跟他一起走或者上他的车为其指路。

3. 拒绝接受陌生人的东西。对于陌生人给的饮料或者食物，中小学生要拒绝，切忌接受对方的礼物。如果遇到非常“热心”的陌生人，要留个心眼，要明白正常情况下成年人是不会无缘无故给别人金钱或者礼物的。

4. 中小学生应选择斗智的策略。犯罪分子在刚刚实施完劫持的时候精神往往会处于高度紧张的状态，如果中小学生这时大喊大叫、拼死反抗，极有可能会激怒对方，导致对方下毒手。因此，面对敌强我弱的情况，中小学生不宜与对方斗勇，要学会用智慧摆脱困境。

5. 保持冷静，保证头脑清醒。中小学生被绑以后，应该尽自己最大努力使自己保持机警和冷静，最大限度地将自己被绑后的细节记下来，便于警察的解救及侦查，为自己争取逃生的机会。

6. 学会争取同情。看守人质的不法分子通常地位不是很高，与组织头目相比，这样的人比较有人性，也不是很粗野，可以与这些人套近乎，争取软化对方，从而打消他们伤害自己的念头。

7. 学会留下标记。在被劫持的过程中，中小学生在走到十字路口等重要地方的时候，可以将自己身上的东西掏出来，为寻找自己的人留下线索。

8. 逃跑的时候一定要果断。如果出现逃跑的时机，中小学生一定要果断逃跑，因为这样的机会往往稍纵即逝。一般而言，中小学生要向有亮光、人多的地方跑，尽可能使自己脱离险境。

第二章

街头常见骗术，忽悠欺骗没商量

听到免费抽奖时，同学们是否手头痒痒、跃跃欲试呢？公交车上有人大喊：“有小偷”，同学们会不自觉地护住自己的钱包吗？路边陌生人捡了一沓钞票，愿意找个地方与你平分时，同学们是否早已心动，默默地跟着对方走呢？这些常见的街头骗术，你能分辨出来吗？

001

幸运背后隐藏的危机

街头偶尔会有免费抽奖活动，有的中小学生贪图小便宜，主动参与抽奖。殊不知，免费抽奖这类天大好事的背后隐藏着大大的危险。因此，中小学生在街头遇到免费抽奖活动时，千万不能看见别人中奖就眼红、手痒，要牢记“天下没有免费的午餐”。

中学生张某家住农村，每五天都会赶一次集。上个周末，正好碰上了赶集日，张某便来到集市，打算买些生活用品。忽然，他看见几个外地人的摊位前聚集了很多人，便凑近瞧了瞧。“免费抽奖，把电磁炉、电饭煲、水壶、现金直接带回家！”外地人喊道。此时，排在前面的几个陌生的村民时不时抽中大奖，摆摊人认真核对后，

当即给付了礼品或支付了现金。村民看到后，都纷纷参加抽奖，张某也不例外。不过张某抽了三次，全是洗发水。摆摊人告诉张某，只需要加50元即可获得一瓶质量特别好的洗发水，还吹嘘了该洗发水的神奇功能。张某越听越觉得不对劲，悄悄地退出人群，报了警。警察火速赶往现场后，发现抽奖奖品除了劣质洗发水之外，没有其他奖品。警方进一步调查发现，这几个外地人利用部分群众贪图小便宜的心理，打着“免费抽奖”的幌子，促销成本价不到两元的劣质洗发水，并曾在多地进行流窜作案。

九年级的学生杨某在街头看见一辆面包车前正在搞抽奖活动，便好奇地凑上前看，对方称：“免费，有大奖。”杨某顺手抽了一下，哪承想竟然是二等奖。摆摊人便立刻拿出一个高压锅，称半价100元领走，杨某觉得这个商品对自己没用，而且还不便宜，拒绝购买，而对方坚称不买不让走。杨某想：难不成他们敢在大街上打人吗？转身便走。可是还没走两步，后背便受到一阵猛打，当场就晕过去了。杨某被路人送到医院，其父母报了警。警方调出监控，很快抓获了摆摊者。其实免费抽奖只是一个诱饵，只要参与活动，都可以抽到一等奖或二等奖，中奖后摆摊者就强行以半价优惠把劣质商品卖给中奖人，不买不让走。

不法分子利用中小学生贪图小便宜、想不劳而获的心理，打着公司搞活动，“免费抽奖”的幌子，营造出很容易“抽到奖品”的假象，吸引中小学生主动参与。一旦同学们参与活动之后，就会落入不法分子的圈套，甚至会产生冲突。因此，中小学生在遇到“免费抽奖”活动时，要保持头脑清醒，理性对待抽奖活动。

街头“免费抽奖”好事的背后究竟隐藏了哪些危机呢？

1. 中奖概率很大的假象。多个数字中奖，一个数字交钱。抽中有奖的号码获得一些“三无”的劣质商品，如打火机、梳子、洗发水、充电宝等，抽到没奖的号码就要交钱。骗子会营造一种中奖的号码多，不中奖的号码只有一个，中奖概率很大的假象，但是参与抽奖的人只能抽到需要交钱的号码。

2. 一箱大奖，一抽就中，一中就得补差价。只要是参与抽奖的人，都能抽到大奖。而一般抽到大奖的人，都需要补差价才能领取奖品，那些免费领取的奖品，从来都抽不到。

3. 补差价，强买强卖。参与活动中奖之后，强行把某件商品半价卖给中奖者，质量没保证、价格不便宜，不买不让走。

4. 抽到奖品是假象，中奖者都是同伙。中小学生看到其他人中奖，纷纷领到奖品后，会产生“有利可图”的心理，主动参与到抽奖活动中。殊不知，那些中奖领取礼物的现象只不过是违法嫌疑人营造的假象，那些中奖者其实都是其同伙。

面对街头“免费抽奖”的好事，同学们要牢记以下几点：

1. 天上不会掉馅儿饼。遇到街头免费抽奖活动时，中小学生要牢牢记住，即便是真有大奖，那也不是白送给你的；不要企图去贪小便宜，以免因小失大。

2. 不要有从众心理。中小学生应当学会独立分析问题，有自己的见解。不要因为看见别人都在抽奖，都在参加活动，就跟着别人行动。

3. 碰见抽奖，自觉走开。中小学生在街头碰到抽奖活动时，不要上前凑热闹，以免被摆摊者洗脑，要自觉走开，不去搭理。

002 在路上遭遇碰瓷事件

碰瓷是一种投机取巧、敲诈勒索的欺诈方式，原指无赖手里托着一个破瓷碗，故意和行人撞在一起，等到碗摔碎后告知对方自己的碗是祖传的贵重瓷器，要求对方赔偿。如今，碰瓷现象花样繁多，一些大城市还滋生了“职业碰瓷党”团伙。碰瓷不再仅限于手机、手表、手提电脑、古董等贵重物品，有的诈骗分子不惜用自己的身体去碰瓷。中小学生心地善良，辨别真假的能力不强，遇到碰瓷事件时很容易被骗。因此，中小学生应该学习一些关于碰瓷事件的处理技巧，以便更好地保护自身安全。

小赵和小刘是好朋友，都是七年级在读生。有一天，小赵和小刘两个人出去玩。当两人行至市区平湖门对面路段的时候，突然有人撞了一下小赵的肩膀。这个时候，有四男一女从后面追了上来。其中一名男子说：“看什么看？你撞了人就想走啊？你以为撞了人不用赔钱吗？”随即该男子凑在小赵耳边说：“我身上有刀，你和你朋友最好跟我们走。”

于是，五人不由分说就将小赵和小刘拉到了市区桥西市场附近的一个无人角落，抢走了两人的手机及身上仅有的200多块钱，得手后火速离开。被抢以后，小赵和小刘立即跑出去找电话报警，这时恰好有一辆警车经过环城西路。警察赶过去的时候，五人早已逃得不见踪影。

碰瓷常常是团伙作案，而且常常会往抢劫方面发展，就像案例中两个中学生的遭遇一样。中小学生活泼好动，难免会有一些诈骗分子假装被撞；中小学生分辨力不强，还以为是自己不小心撞到了对方，主动给对方道歉，而对方却不依不饶，非要赔偿。这个时候，中小学生应该怎么办呢？

如果中小学生遇到这样的情况时，不要害怕，不要内疚，要让

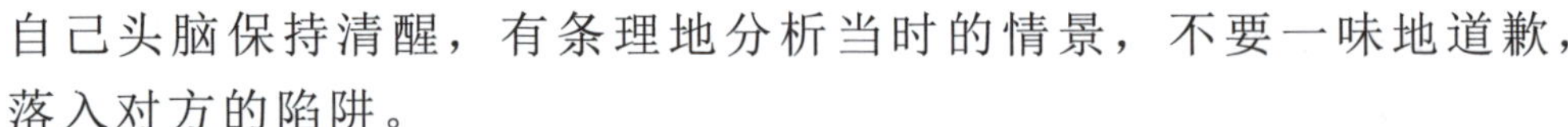

自己头脑保持清醒，有条理地分析当时的情景，不要一味地道歉，落入对方的陷阱。

1. 回想当时情景，及时报警。中小学生遇到不依不饶说要赔偿其贵重物品的陌生人时，要先回想事情发生的情景，发现不对劲，立刻报警。

2. 寻找目击证人。如果有目击证人时，一定要设法留住他们，等待警察的到来；如果没有目击证人，可以等警察到来之后，请求警察调取附近监控，查看当时的情景。

3. 留下索赔物品证据。如果陌生人说你撞坏了他的某个贵重物品，需要你赔偿，同学们不要去碰坏了的物品，可以用手机对其进行拍照，留下证据。

4. 注意“好心人”。对碰瓷事件进行调解的人通常和碰瓷者是一伙的，彼此之间有分工，有的负责放哨，有的则在围观人群中假装调解。在当事人和碰瓷者僵持不下的时候，往往会有“好心人”出来调解。这时中小学生不能听从“好心人”的劝解。

5. 如果碰瓷者敲诈不成，对你进行抢劫。这时中小学生要将对方的体貌特征和逃跑的方向记下来，之后立即报警。

为了防止被碰瓷、受敲诈，中小学生在平常要注意以下几点：

1. 在拥挤的路段要加倍小心。许多碰瓷的案件往往发生在人多拥挤路段，人与人之间挤来挤去，这便为碰瓷者提供了方便。因此，中小学生在这些地段行走的时候，一定要提高警惕，如果遇到了碰瓷的人，要尽可能地留住目击证人。

2. 碰瓷者要求你赔偿时，你应该和他们据理力争，也可以和他们一起去派出所理论；一定不能和他们“私了”，否则就中了他们的圈套。碰瓷的人通常会利用中小学生遇事胆小、怕麻烦的心理借机敲诈。因此，中小学生遇到碰瓷事件的时候可以报警。敲诈者在看到你报警以后往往会感到心虚，从而中止违法行为。尤其遇到专门碰瓷的人时，这个方法更加管用。

3. 结伴文明出行。中小学生要与同伴一起出行，出行路上不打闹、不奔跑，不乱碰地摊小贩商品，不在路上长时间滞留。

003 警惕贼喊捉贼的老伎俩

贼喊捉贼的意思是做贼的人喊捉贼，简而言之就是坏人硬是把自己说成好人，制造出自己是受害者的假象，取得围观者的信任，让真正的受害者百口莫辩。一般来说，贼喊捉贼这种伎俩为团伙作案，作案对象多为单独出行的乘客，作案时间在白天，尤其是上下班高峰期；作案场所为人群比较密集的地方，比如拥挤的公交车上。从作案时间、作案场所来看，中小学生是有可能成为作案对象的。因此，中小学生要提高警惕，谨防贼喊捉贼的伎俩。

周五，中学生王某放学乘坐公交车回家，这个时段车厢里很拥挤。突然人群中有人大喊："我的手机被偷了！"然后故意借一名乘客手机，当众拨打自己"失窃"的手机号码，结果铃声竟然从王某的书包里传来，"失主"和几名乘客表示很愤怒，你推我搡地把王某赶下了车，失主和几名乘客也一起下了车。他们把王某押到某个偏僻处，说是私下解决。最终王某身上的财物全被抢光，共损失了 150 元现金和一部手机。

小学生张某放学后，独自走路回家，他一边走一边埋头玩手机。突然一位大妈气冲冲地上前要夺其手机，并破口大骂："谁家小屁孩，胆子不小啊，都敢偷老娘手机了。"没过多久，便聚集很多围观群众，其中竟有几个人一起指认这个手机确实是大妈的，并且还假装要拨打电话，他们把张某当成小偷，你一言我一句地对张某破口大骂。张某无奈，只得把手机交给大妈并道歉。"要不是看你还是个孩子，早就把你送警察局去了。"大妈大声说道，然后大步走开了。

中学生梁某独自乘坐火车去旅行，提前两个多小时到候车室。梁某便在候车室的按摩椅上坐着玩手机，他的旁边坐着一个中年男士，看见梁某一个人，就说："小伙子，这年头小偷多，要注意保管好自身财物啊！"梁某下意识摸了摸自己的口袋，说了声谢谢，不再搭理他。不知过了多久，梁某靠在椅子上睡着了，醒来时，准备排队上车，却找不到钱包。梁某慌了，全身上下找了个遍，还是没找到。明明刚才还在呢，怎么回事？梁某觉得很奇怪，因自己的身份证、车票、钱全都在钱包里，梁某不得不找警察帮助。警察调出候车室的监控，发现梁某睡着时，旁边的中年男士用镊子把其钱包夹出，默默离开。警察发现先前该男士与梁某对过话，梁某把谈话内容告诉警察。原来该男士用好心提示的方式得知梁某的钱包位置，趁其睡着时进行扒窃。

中小学生是社会的新一代，对于贼喊捉贼这样的老伎俩并不了解。遇到贼喊捉贼时不知如何处理，莫名其妙地就被坏人坑骗，反应过来时坏人已不知去向。因此，中小学生要了解和掌握一些贼喊捉贼的应对技巧，以免遭受损失。

当遇到贼喊捉贼时，中小学生要采取以下措施：

1. 不接受私下解决，直接报警。当坏人找到作案对象时，假装自己的某件物品被作案对象偷了，并被当众发现。然后坏人就开始跟作案对象说不想把事情闹大，私下解决，向你索要赔偿或者把你带到偏僻的地方。如果同学们遇到这种情况，一定不要接受私下解决，在围观群众面前一定要强势，直接告诉坏人要找警察处理。

2. 请求司机把车开往附近公安派出所或民警值勤点，找警方处理。如果是在公交车上遇到贼喊捉贼的伎俩，同学们不要跟着坏人下车，可以请求司机把车开往附近公安局或者民警值勤点，找警方处理。

3. 毁坏附近物品。如果中小学生在大街上或在其他公共场所遇到贼喊捉贼的伎俩，有口难辩时，可以采取砸碎旁边车窗玻璃，毁坏旁边商店物品等方式，把更多的利益方牵扯进来，把事态扩大，让警察来处理。

为了防止受到贼喊捉贼伎俩的伤害，同学们要做到：

1. 尽量避免独自出行。一般贼喊捉贼的作案对象都是独自出行的个人，为了不成为坏人的作案对象，同学们要尽量结伴出行，减少独自出行次数。

2. 身上不要带大量现金及贵重物品。中小学生要朴素出行，出门不携带大量现金及贵重物品；听到有人喊“注意有小偷”时，不要过分明显护住自己的钱财，要假装没听见，坦然应对；中小学生不要在公共场合露财，以免被坏人盯上。

004

“分钱”老把戏重现街头

捡钱骗局往往出现在繁华的商业场所、公交车站、农贸市场门口等人多的地方，主要以路边行人、车站候车乘客、中小学生为诈骗对象。对中小学生来说，诈骗分子会利用他们爱占小便宜的特点，通过捡钱平分的手段对被害人实施诈骗，骗取财物。因此，对于街头捡钱分钱的把戏，中小学生要擦亮眼睛，抵制金钱的诱惑，保护好身体以及自身财产安全。

吴某是一名九年级的学生，常常独自去菜市场买菜。周日早上七点，吴某走至菜市场门口时，一名骑自行车的男子掉了一个白色塑料袋，另一位骑车男士捡了起来，还主动拉住吴某：“如果你不声张这件事情的话，咱俩平分袋子里的钱。”这时，丢袋子的男士回来了。便询问他们是否看见一个白色袋子，捡袋子男士与吴某都说自己没有看到。丢袋子男士走后，捡袋子男士叫吴某上车赶紧离开，吴某上了男子的车，来到了一个偏僻的地方。突然，丢袋子的男士不知道从哪里冒出来，与捡袋子男士一起把吴某逼到角落，要求交出他身上的钱包，还夺走了吴某手机。

陌陌今年三年级，家离学校只隔着一条街，所以他每天自己上下学。有一天，陌陌刚过完红绿灯，看见前面一位叔叔掉了一沓钱。正想跑过去提醒叔叔时，一位陌生的阿姨跑过来：“你认识那个人吗？”陌陌摇了摇头，阿姨说：“那你不要喊，我们找个偏僻的地方，把这些钱平分了，好不好？”陌陌看到如此多的钱，心动了，就跟着陌生人走。他们俩人走到一处偏僻地段时，看见了一辆面包车，“那辆车上应该没人，我们躲在车后面分钱吧。”陌陌与陌生阿姨走近面包车时，车门突然打开，刚才丢钱的叔叔从里面出来，一把把陌陌抱进车里，随后陌生阿姨上车，用绳子把陌陌手脚捆住，陌陌就这样被拐走了。

从上面的两个案例中可以发现，像这样的捡钱骗局通常有两人或者多人组成诈骗搭档。他们会在医院、邮局、银行等人们易携带大量现金的场所物色对象，作案的对象往往是学生、中老年人，其中女性居多。骗子往往会在银行里面窥探独自存钱或者取钱的人，之后就尾随至汽车站附近或者路边人少的地方，设下圈套。

捡钱分钱的老把戏，一般分为：掉、捡、分、缠、调、溜几个步骤：

1. 掉：骗子A会故意在目标前掉下装钱的袋子，并且让作案对象看到里面有很多钱。其实，除了前后两张是真钱以外，中间夹的都是裁剪好的纸、冥币等。

2. 捡：骗子B捡钱。在作案对象看见钱还没采取行动前，B就会把钱拾起。

3. 分：骗子B会告诉作案对象不要声张，提出愿意找个地方与作案对象“平分”这些钱。

4. 缠：在两人分钱的时候，骗子A就会跑过来问谁捡到了他的钱，然后对作案对象进行纠缠。在万般无奈之下，作案对象不得不将自己的钱款拿出来以向对方证明自己的清白。

5. 调：这个时候，骗子C会以证明或者中间人的身份出现，从中调解。趁场面混乱时将作案对象的钱骗走。

6. 溜：作案对象的钱被C骗走后，骗子A、B、C就会一起溜走。如果作案对象在争执的过程中识破了对方的骗局，他们就会直接翻作案对象的包，抢劫其钱财。

对中小学生来说，诈骗分子常常会将其骗至偏僻处，对其直接进行恐吓敲诈或者将其拐卖。因此，中小学生在遇到陌生人捡钱，并拉你一起分钱时，要理智面对，要做到如下几点：

1. 树立正确的金钱观，不贪图不当之利。中小学生要保持良好的心态，不要被外来之财蒙蔽双眼，更不要贪小便宜。对于送上门的钱财要提高警惕，有时候多留个心眼，可能就会识破骗子设下的陷阱。

2. 及时报警。中小学生发现捡包骗局的可疑人员时，要及时通知警方，争取人赃并获。

005

火车站接人的骗局

火车是一种普遍的交通工具，随着乘坐火车的人数增多，火车站成了人流量比较大的地方。火车站时时刻刻都聚集形形色色的人：高的、矮的、胖的、瘦的、老的、少的都有，有的在等车，有的在接人，有的在等人，在不知不觉中，火车站也成了坏人的聚集点。同学们知道火车站的骗子是如何制造骗局的吗？

中学生小丽暑假独自坐火车去保定姑姑家玩，爸妈送她上车后，告诉她姑姑会在出站口等她，让她出站时跟姑姑联系。到出站口时，小丽没看见姑姑，正要打电话询问，一个陌生阿姨一边接听电话一边直奔她而来，神情焦急地问："你在等人吗，等谁呀？"小丽想也没想就告诉了陌生人，"对对，就是你！你姑姑有事，让我替她来接你，你看我这还跟她通着电话呢！"陌生阿姨说，又告诉电话那头："放心吧，人我已经接到了。"小丽跟着她上了一辆车。姑姑在火车站等了很久都没有见到小丽，打其电话提示关机，只能报警。警方从调出的监控推断小丽已经被坏人骗走，立即展开跟踪救援。23个小时后，警察在一片荒凉的废墟中找到小丽，坏人早就不见了。

六年级的小明跟姥姥姥爷在老家生活，爸爸妈妈在省城上班，坐火车要4个小时。今年暑假，小明想去省城找爸爸妈妈，爸爸妈妈给小明买了火车票，让小明独自坐火车过来，并告诉他爸爸会在出站口接他，姥姥姥爷送小明上了车。小明第一次坐火车，第一次看见那么多人，兴奋极了。

车到站时，小明一蹦一跳地跟着人群走。出来之后，小明大声地在电话里告诉爸爸自己到了，爸爸让他站在原地别动，自己过来找他。一个陌生叔叔过来说："小朋友，我是你爸爸的朋友，他在另一个出站口，让我带你过去。"这位叔叔还说自己手机没电了，能不能用小明的手机给爸爸打个电话，小明把电话递给他。叔叔按了几个数字，对着电话那头说：“你在哪个位置？好，好，我们现在就过来。”然后牵着小明的手往前走，也不把手机还给小明。小明跟着叔叔走到一辆车附近，叔叔说：“这是我的车，你先上去，我去找你爸爸。”小明刚把头伸进去，就被里面的人拉上车，用头巾裹住头。“这小子可以卖个好价钱吧！”听见他们的对话，小明才明白自己落入人贩子手里了。

火车站是一个鱼龙混杂的地方，很多坏人借助人流量大、乘客旅途劳累、防备心理较弱等特点，在火车站行骗作案。中小学生本身防范能力不强，辨别能力比较差，独自出现在火车站时，很容易受到坏人的引诱，受到伤害。

中小学生独自出现在火车站，等待亲朋好友来接时，要注意以下事项：

1. 通话时不要泄露个人信息。很多坏人会在火车站周围来回走，偷听乘客电话内容。中小学生在火车站接听电话时，要注意通话的私密性，保护好个人信息，不要随便报出自己的名字，也不要直呼电话那头亲友的名字及称呼，以防坏人听到后冒充亲朋好友。

2. 确认陌生人身份。同学们在等亲朋好友来接时，若是有陌生人来搭讪，一定要先向对方发问，不要告知自己以及亲朋好友的相关信息。如果陌生人说是代亲朋好友来接自己的，同学们可以向他追问：接自己的亲朋好友叫什么、自己与亲友之间是什么关系、联系电话是多少等。不要只听陌生人一面之词，就跟着对方走。

3. 不要与陌生人搭讪。同学们在火车站等人的时候，若是有陌生人搭讪，不要搭理对方，应该与其保持距离，必要时可以采取大声呼救、报警等措施。

4. 站在民警值勤点等待。一般火车站会有民警值勤点，如果亲朋好友因事耽搁，不能准时来接时，同学们可以站在民警值勤点等待，遇到突发情况及时找民警。

5. 提前联系。中小学生出发前，应告知亲朋好友到站时间，即将到站时提前打电话联系来接的亲戚朋友，提示他们按时来接。

6. 不要与陌生人有金钱瓜葛。同学们在车站等人时，不要与陌生人有任何金钱瓜葛，比如陌生人想跟你换零钱、向你借现金等。

除了以上注意事项，中小学生还应该增强自身心理安全防范意识，做到以下几点：

1. 熟记几个电话号码。中小学生应当熟记几个电话号码，这些人是你在遇到突发事件时，最有可能赶过来帮助你的人，如爸爸妈妈、老师等。记住他们的电话以便更好地向警察求助，向身边的工作人员求助。

2. 对陌生人保持警惕。面对陌生人的搭讪，中小学生一定要保持警惕之心。不能以貌取人，更不能同情心泛滥，做到不跟着陌生人走、不给陌生人带路、不与陌生人谈家庭信息、不吃陌生人的东西。

3. 尽量不要独自出行，尤其是比较长的路途。中小学生好奇心强，防备心比较弱，对陌生人的警惕性不高，很容易相信陌生人的话。中小学生结伴出行时，可以相互提醒。一般来说，对于结伴出行的中小学生，陌生人很少故意上前搭讪。

006

提防街头“聪明”小摊贩

每个人都需要消费，可是你在买东西的时候，有的商贩不仅会缺斤少两，还会在找零钱的时候要小伎俩。你给商贩的明明是真钱，一眨眼，钱就变成假的了，成年人遇到这样的情况都难以防范，更何况是中小学生呢？因此，中小学生在买东西的时候一定要提高警惕。

中学生小刘放学后发现自己没有零钱坐公交车，就决定买一串糖葫芦换取零钱。山楂糖葫芦三元钱一串，小刘递给对方20元钱。在他等着对方找钱的时候，对方提醒小刘东西掉地上了。小刘低下头看，并未发现有东西掉了，等小刘抬起头，小贩把两元零钱递给小刘。小刘问：“叔叔，你是不是搞错了？我刚才给了你20元呢。”小贩立即变了脸，一口咬定小刘给的是五元钱。很快就有几个人围了过来，他们帮着小贩说话，很明显跟小贩是一伙的。小刘一个人毫无优势，也只能吃哑巴亏。后来，小贩干脆连糖葫芦也不给小刘，直接把五元钱给了小刘。

六年级的小明拿着压岁钱去街边的小卖部买玩具，小明把钱递给商家之后，就一直在玩玩具。突然，店主说：“小朋友，这是假钱啊！小小年纪就学会用假钱骗人了。”然后把钱退给小明。小明回家之后把这件事告诉爸爸，爸爸检查后发现钱确实是假的，但是小明哪里来的假钱呢？爸爸又给了他一张100元的真钱，说：“我跟你一起去，但我在外面等你。”商家好像没有认出小明，依然告诉他钱是假的。这时，爸爸和两个民警走了进来，接过商家退给小明的假钱，然后告诉商家刚才小明递给商家的钱的号码，并在商家抽屉里找到了这个号码的钱，商家哑口无言，最后被民警带走。

有的黑心商贩会把中小学生、老年人、外地人作为欺诈对象，他们的欺诈手段多种多样：有时以假换真，用假钱调换顾客的真钱；

有时候以整换零，在找钱时做手脚；有时压低价格，缺斤少两……尤其是街头流动商贩，这些人在诈骗完后就消失了，被诈骗者只能自己承担损失。中小学生心地善良、涉世不深，很容易被黑心商贩欺骗。因此，面对街头的商贩，中小学生要提高警惕，谨防被黑心商贩诈骗。

为了避免被黑心商贩诈骗，中小学生在购物时要做到以下几点：

1. 钱财当面点清。中小学生在接过零钱后不要立刻塞进口袋，应该当着商贩的面把钱数清。

2. 记住号码或做个标记。为了避免出现真钱换假钱的情况，中小学生可以记住钱的号码，也可以在钱上做个记号。如此一来，中小学生发现对方以假换真的时候，有证据证明自己用的是真钱。

3. 交易时集中注意力。中小学生从付钱到交易结束，都不要让别人分散自己的注意力，因为，在你注意力分散的时间里，对方极有可能会对钱做手脚。

4. 学会识别真假钱。中小学生要学会识别真假钞票，这样会防止黑心商贩找零时夹杂假钞。

5. 少在路边流动地摊购买物品。中小学生要尽量少在路边流动商贩处购买物品，可以选择去商场、正规超市购买物品。

6. 慎重购买打折商品。有的商贩会利用中小学生贪图便宜，喜欢购买物美价廉商品的心理，把同类商品价格压低，吸引中小学生的目光，然后缺斤少两或者出售假冒伪劣商品来盈利。

7. 提前备好零用钱。中小学生要少用 100 元、50 元等额度比较大的钱，出门要准备好乘坐公交车的零用钱，不要与路边商贩以整换零或者以零换整，以免被黑心商贩欺诈。

第三章

电信网络骗术，弄清套路是关键

节目里短信竞猜真的能赢大奖吗？银行为何会发来温馨的短信提醒？收到吓人的短信怎么办？返还电话费是真的吗？家里座机真的欠费了吗？视频那边的好友是本人吗？网游、网购有哪些骗局？钓鱼网站如何钓鱼……本章将为同学们揭开一个个电信网络骗术的面纱，让同学们弄清电信网络诈骗的套路，学会巧妙应对此类诈骗，减小被骗概率。

001

谨防电话欠费诈骗

最近利用电话欠费诈骗的手法很多，骗子经常假装电信工作人员给你打电话，告诉受骗者家里的电话欠下了巨额话费，接着会让受骗者把存款打到自己提供的银行账号上，并从中牟利。到目前为止，已经有很多人上当受骗。中小学生逐渐地拥有自己的手机，有可能会受到手机欠费的诈骗，因此，了解一些关于电话诈骗的知识，对中小学生来说是没有坏处的。

周日上午，五年级的小辉和76岁的爷爷两个人在家。家中的座机响了。

“您好！我是电信局的业务员。经调查，您家中的电话已经欠费2340元，也许他人曾经盗用了您家的电话打国际长途。您应该马上报警，若是您感到不便，我们可以帮助您报警，这件事情是秘密，不要跟别人讲。”

小辉看见爷爷很着急，连连说是，便问爷爷怎么回事，爷爷把这件事情告诉了小辉，小辉听后觉得这件事情很蹊跷，但又不知道哪里不对。他试图让爷爷告诉爸爸妈妈，但是爷爷说这件事不能跟别人讲，小辉生怕爷爷上当，只好找个借口出门寻求帮助。

小辉刚走，家中电话又响起来了，对方称自己是公安局的，“刚刚我们接到了您的报警求助。经过调查，别人盗用了您的信息，也许您存折上的钱已经被监控了，您可以将自己的存款存到××账号上，近期之内不要使用这笔存款。我们会暂时把您的存款监控起来，等到抓获犯罪嫌疑人以后再把存款还给您。”

爷爷没来得及细想，就把自己所有的存折找出来，正要准备出门去“警察”指定的银行，小辉和物业的小张推门进来。小张告诉爷爷，可以先给电信局打电话，确认这件事是否属实，并且拨通了电信局的客服电话。爷爷把这件事情告诉对方之后，对方称没有这回事，并告诉老人这些是骗子诈骗的一种手段，不要相信，以免被骗子转走更多钱财。爷爷还是半信半疑，小张便提议开车载爷爷直接去电信部门查询。查完之后，才发现家里座机根本就没有欠费，也没有什么业务员往家里打过电话，这才放心。

事后，爷爷把这件事告诉了爸爸：“幸亏小辉机智，不然存折上的那十几万块钱估计都被骗子骗走喽！”

这一新型的诈骗方式往往是利用人性的某些弱点如贪财、胆小、轻信、避祸等，漫天撒网，利用“电话欠费”、称事主涉嫌参与某项犯罪活动等，一步一步地引导事主落入事先设计好的陷阱中。因此，中小学生不要轻易相信陌生人的电话或短信。

电话欠费诈骗最常使用的是心理连环套诈术，大致分为以下几个步骤：

1. 借故搭讪。电话欠费诈骗类的诈骗分子借助“电话欠费”，趁机称当事人信息被盗或者当事人涉嫌某件犯罪事件。

2. 不留思考空间。诈骗分子会一直与事主保持通话，不给事主留任何思考的时间，迫使事主按照自己的思路行事。

3. 夸大事态。诈骗分子会告诉事主警察或者司法机关正在调查此事，不能与任何人通话。

5. 选择 ATM 自助服务。诈骗分子会以各种理由骗取事主转移财产，会事先要求事主去银行自动服务端按自己的步骤操作，并告诫事主不要与柜台工作人员交谈。

6. 分行汇款，快速提走。诈骗分子会以“某银行账户只能申请到一定金额保护额度”为由，让事主给不同的银行汇钱，以便在短时间内把钱提走。

中小学生在遇到此类电话诈骗时，不能轻易给对方账户汇款，可以采取以下建议或措施：可以通过电信部门提供的客服热线查询一下电话是不是真的欠费了，与此同时要打电话报警，以免上当受骗。

1. 确认消息是否为真，确认收款方是否属实。中小学生在接到此类短信或电话时，可以先拨打电信部门的客服电话查询消息是否为真。如果对方要求给其汇款时，同学们可以先咨询家人的意见，

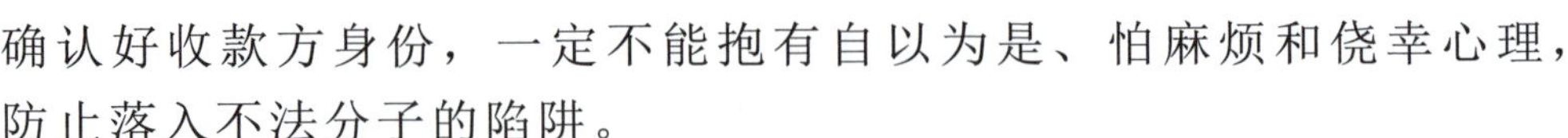

确认好收款方身份，一定不能抱有自以为是、怕麻烦和侥幸心理，防止落入不法分子的陷阱。

2. 留意短信或电话来源。对于没有归属地的手机号码、不正常的座机号和不熟悉的电话号码，中小学生应当不予理睬；同时，中小学生要学会保护个人和家庭信息，不要向外泄露自己及家里的联系方式。

3. 核实来电方身份。通常情况下，电信部门对于电话欠费会在每月缴费日期之前通过电脑语音、短信等多种形式提醒缴费。

若是有人冒充公安人员打电话来调查欠费并索要个人信息或者以电话局工作人员的名义直接打电话催缴电话费时，中小学生一定要提高警惕，谨防上当受骗。中小学生应该通过正常渠道核实对方的身份和电话欠费情况，切忌透露个人信息或者转账。

002 谨防返还电话费骗局

高额返还话费诈骗在几年前就出现过，最近几年该诈骗方式依然层出不穷。中小学生慢慢地都拥有了自己手机，同学们会自己充值，自己查询话费，自己更改套餐。在充值的过程中，由于中小学生自身文化水平较低，加上某些同学经不住返还高额话费的诱惑，难免会掉进返还电话费的骗局。

小学生张某一日放学回家时，看见小区里面有两个穿着中国移动工装的所谓的“移动业务员”站在一个“充话费，全额返”的摊位前，张某便上前了解情况。当确定返的钱就是话费时，张某便毫无防备地充了100元。对方告诉他，因为要走流程，这个话费会在下午时到账。等到张某下午放学回家时，依然没有收到短信，本来想一会儿路过摊位时问问，可是他回来时，摊位早已不见了。张某又想着可能延迟到账了，再等等。直到第二天下午，还是未收到充值成功的短信。张某便开始打10086客服电话咨询，对方告知最近公司没有该活动。张某才明白，原来自己被骗了。

九年级的王某一日接到一陌生IP电话，对方称自己是电信部门的工作人员，并说由于之前电脑系统故障，多扣了王某200元电话费，现需要其银行卡号以退款，并且为了表示歉意，公司决定双倍返还，并要求王某去银行的取款机前，按提示操作，即可获取退款。王某并未觉察出是骗局，兴高采烈地拿着银行卡去了自助营业厅。在取款机前，王某又回拨了该电话，对方先问王某银行卡里是否有钱，王某如实说里面有2700元，对方又说让王某根据自己的提示操作，王某照着操作了。然后对方说可以了，并告诉王某今天不能把这张卡插入自动取款机。王某答应之后便回宿舍了。回去之后，他越想越不对劲，又匆匆跑到自动取款机，查询余额，他发现之前银行卡里的钱被划走了，再拨打之前那个电话，再也打不通了。

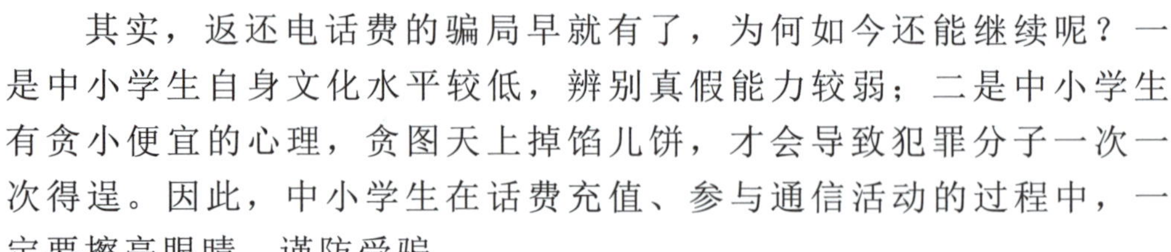

其实，返还电话费的骗局早就有了，为何如今还能继续呢？一是中小学生自身文化水平较低，辨别真假能力较弱；二是中小学生有贪小便宜的心理，贪图天上掉馅儿饼，才会导致犯罪分子一次一次得逞。因此，中小学生在话费充值、参与通信活动的过程中，一定要擦亮眼睛，谨防受骗。

以下是返还电话费几种常见的骗术：

1. 路边摊，充多少返多少。通常，同学们可能会在小区、超市门口、路边等看到充话费、返话费的活动，有的是穿着带有中国移动字样的工作服的“工作人员”；有的是穿着西装，带着用户协议的“工作人员”。常见的路边摊广告会有“充 100 返 80”“充 300 返 300”“充 450 返 1000”等，很多中小学生会经不住诱惑，自己充值不说，甚至还会拉上小伙伴一起去充值。

2. 预存话费，分月返还。中小学生参加返话费活动时，会时常听到销售人员说，这个话费是预存的，会在每个月等额返回。当你交完钱之后，又告诉你，充值可能会延迟到账，之后，你就再也联系不上他了。

3. 系统故障多收费。同学们可能会接到自称电信工作人员的电话，该电话通常不是通信方的客服电话，而是 IP 电话、固定电话、移动电话等陌生电话。对方会解释说这是自己的私人号码或者是自己工位上的座机号码，并说给你打电话的原因是想向您道歉，因为前期公司电脑出现系统故障，多收或者多扣电话费，现在需要本人银行卡号领取退款。只要你提供银行卡号，并按其提示进行操作，最后银行卡里的钱就会被划走。

如何识别骗局？

1. 拨打客服电话咨询。中小学生要记住各通信公司的客服电话：联通 10010、电信 10000、移动 10086，凡是遇到充话费返话费、系统故障返话费以及其他任何活动时，都可以事先打客服电话咨询，确认活动是否属实。

2. 警惕先交费再返还骗局。中小学生对人没有防备心理，很容易顺从陌生人，犯罪分子抓住他们贪小便宜的特点，诱导他们先交钱，然后告诉他们会每月分批返，过后再也联系不上。

3. 去正规营业厅办理。中小学生在路边遇到充话费、返话费活动时，可以直接去营业厅办理。不要在自称所谓的“专业人员”的小摊前充值。

003

QQ 视频骗钱的过程

现在，QQ 聊天视频诈骗泛滥，盗号者在和受骗者聊天时使用“虚拟视频”软件，在视频聊天窗口中反复播放事先截取的视频记录，使受骗者误认为真的是在和好友对话。为了打消受骗者的怀疑，骗子还以视频话筒损坏等为借口不与受骗者直接语音聊天，之后再利用文字形式，用急需用钱等借口向受骗者借款。

小雯和小琳是好朋友，上了初中以后，两人见面的时间变少，只能通过 QQ 聊天。

有一天，小琳像往常一样和小雯在 QQ 上聊天。不一会儿，小雯就发来消息，说自己现在需要用钱，让小琳赶紧往自己的账户上汇 500 元。小琳曾听人说过这样的骗局，于是要求视频，以确定和自己聊天的就是好朋友小雯。

视频接通以后，小琳看到屏幕上真的是小雯，于是马上往对方指定的账户上汇了 500 块钱。汇款的时候，小琳发现账户户主并不是小雯本人，于是打电话向小雯求证，但是小雯的电话一直无法接通。小琳把钱汇过去后，仍然心存疑虑，再次拨打了小雯的电话，但是小雯说她根本就没有向小琳借钱，而且刚才也没有登录 QQ。小琳才知道自己受骗了，马上去派出所报案。小琳告诉警方，视频画面里的背景确实是小雯的家，小雯穿着红色的外套，一边聊天一边嗑着瓜子。而且小雯回忆，前天上午，她在家里上网的时候，曾经有一个男性网友和她视频，两个人只聊了几分钟就结束了，小琳说的情况与自己那天上网时的情景一模一样。

中小学生一定要吸取小琳的教训，在网络聊天的时候，不要随便接收别人发来的文件，以免中木马病毒。此外，同学们还要提高警惕，不要随便泄露自己的真实信息。在视频聊天的时候，涉及个人隐私、财物等内容时必须谨慎。如果遇上这类问题，最好用别的方式，如用其他网络聊天工具、电话等方式进行确认和核实，还可通过试探性的问题来辨别对方的真假。下面几种方法可使中小学生防范在QQ聊天中被诈骗：

1. 确保自己的电脑系统安全。一些人正是由于电脑出现故障，没有防火墙和杀毒软件，才让骗子钻了空子。因此，中小学生一定要及时更新杀毒软件和防火墙，经常检查系统漏洞，并进行修补。

2. 养成良好的上网习惯。中小学生最好不要与那些打着美女或者帅哥旗号的陌生人视频聊天，否则很有可能被人录下视频画面，并加以利用。另外，中小学生不要随意接收或者打开QQ好友发送的图片或者网页，以免附带的木马病毒使QQ号被盗，至于那些下载的文件在经过杀毒软件查杀以后方可使用。

3. 及时更新经常使用的IM软件。主流IM运营商都在各自的新版本IM软件中新增或增强了木马扫描、查杀功能，将IM木马病毒造成的危害降到最低。因此，中小学生一定要及时更新自己的IM软件，保证自己的信息安全。如果不法分子想要利用播放影音文件实施诈骗行为，那么一个“影音文件”的提示就会在视频窗口上浮现出来，帮助同学们识别出这是假视频。

4. 辨认声音或者对暗号。许多骗子都会以视频话筒损坏或者不方便等理由拒绝语音聊天。因此，如果中小学生在QQ上聊天遇到别人向自己借钱或者打听较为敏感的信息时，最好确认对方的声音。有时候，由于网速问题，QQ视频画面可能会出现停顿的情况，使音画不同步。有些骗子正是利用了这一点，在通话的时候“配上”自己的声音，冒充对方的好友。这时候，不仅仅要认真辨认声音，最好再利用一些暗号加以确认。中小学生在与好友聊天的时候会有一些双方都知道的事情，如个人经历、对方家庭情况等，在涉及借钱的问题时，中小学生可以通过这些试探性的问题来辨别对方的真假。

5. 电话确认。通过电话来确认是最直接的方法。若是对方主动提出打电话，并用显示亲人或者朋友的电话号码打来电话，中小学生必须记住要回拨电话确认，因为对方很可能使用的是“任意显号”软件，这样座机上显示的就是亲人或朋友的电话。

004 网游骗术那些事

中小学生在学习之余，会做些自己喜欢的事情打发时间，有的同学可能会选择网络游戏。网络游戏其实有很多种，有简单的（如“消消乐”），有复杂的（如“王者荣耀”）。无论是简单的，还是复杂的，里面都有可能会有骗子。因此，中小学生在玩网络游戏的过程中，除了要控制游戏时间外，还应当有安全意识，谨防被骗。

中学生小宋在名为“游戏装备交易”的QQ群中为自己正在玩的一款网游求购装备。很快，一个名叫“卿爽”的网友主动与小宋联系。几番交谈后，小宋决定以1000元的价格购买高级装备。随后，网友“卿爽”“细心”地提醒小宋，为了保证交易稳妥，请小宋提供一个朋友的QQ号，由“卿爽”建一个聊天群组完成交易，小宋的朋友为中间人。群组建成后，小宋的“朋友”很快发信息称，已核实“卿爽”的装备无误。信以为真的小宋便将1000元打入了“卿爽”提供的账户。等小宋发现自己上当时，他已被“卿爽”拉黑。

有一天，爱好网络游戏的中学生李某被一条信息吸引了，该信息称登录某网络充值平台给自己的游戏账号充值会有很大的优惠。李某计算后发现这比在官网上充值便宜多了。于是点击对方提供的链接。李某发现这的确是一个游戏充值网站，而且网站内容非常全面，网站上有很多提供咨询服务的客服。李某联系了其中一个叫“小丽”的“客服”，“客服”告诉他充值前需要先交500元保证金，李某按要求充完之后，被“客服”告知：因输入银行卡账号错误，需要再次转账200元。当李某再次按要求继续转账后，对方又以同样理由要求继续转账。在先后多次转账达3000元后，李某觉得不对劲，果断地报了警。最后侦查结果：这是一个专门利用虚假游戏充值平台实施网络诈骗的犯罪团伙，犯罪嫌疑人已被抓获。

中学生余某玩了几年的某游戏，账号级别很高。有一次，他在网上收到一条信息："你的游戏级别这么高，卖不卖？"余某以为对方看中了他的账号，而他正好也想出售，双方便商量好以3000元的价钱成交，可是当他把游戏密码和账号告诉买家后，却发现对方消失了。

游戏中，有的装备是需要钱购买的，有的游戏是需要充值的，游戏平台是可以进行交易的……中小学生其实是网络游戏里面的新鲜血液，还不懂得如何去识别诈骗信息，如何去保护自己的账号，可能会因为一些虚荣心（比如游戏级别、装备升级）等，花钱去购买某些游戏物品。

那么，中小学生常遇到的网游骗术有哪些呢？

1. 买卖账号。中小学生在网络游戏中，不管是自己卖账号还是买别人的账号，都要小心。自己卖账号时要注意交易平台，不要进行线下交易，也不要去其他平台交易；买账号时，除要账号和密码之外，还要有申请账号和密码的凭证，以防买完，对方称账号被盗，再更改密码。

2. 低价充值。在游戏充值时，不要贪图便宜去其他充值平台充值，以防掉进骗子的陷阱。

3. 领取礼包。当同学们在网络游戏上看到"点击立即领取大礼包"时，千万不要点击，这个大礼包可能是被骗子篡改过的病毒链接。

4. 游戏币交易。网络游戏平台是可以进行游戏币交易的，很多骗子会降低游戏币交易比例以吸引你与他交易，而不是在平台上交易。

5. 送道具送装备。中小学生在游戏的过程中，可能会有陌生的

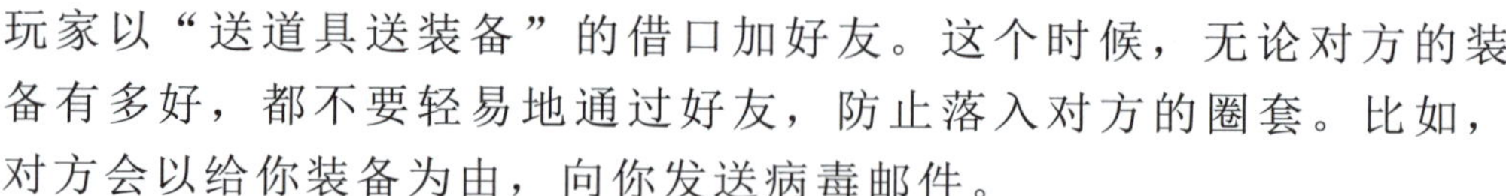

玩家以“送道具送装备”的借口加好友。这个时候，无论对方的装备有多好，都不要轻易地通过好友，防止落入对方的圈套。比如，对方会以给你装备为由，向你发送病毒邮件。

6. 中奖。中小学生在玩游戏的过程中，可能会收到中奖的信息，但是要领奖就必须先缴税。同学们收到中奖的信息时，切勿相信，以免落入对方圈套。

7. 线下交易。中小学生进行网游交易时，骗子会引导其进行线下交易，不在网络平台交易，交易完成之后就突然消失。

8. 高仿ID。有的骗子会对好友、亲友的ID进行高仿，告诉你说他买了某个装备，而且卖家已经发货了，拜托你帮忙付款。

9. 先钱后货。有的骗子在交易时要求买家先交钱，等到买家付完钱之后，骗子立即下线，账号也注销了。

10. 发图片或邮件。中小学生在网游平台交易时，对方可能发来一张打不开的图片或者一封带病毒的邮件，以此来获取同学们的账号及密码。

11. 假客服诱导。有些诈骗分子会使用模拟号码手段，让你以为他是官方客服；诱导你完成交易时，就使用变声器等工具让你误认为交易成功。

中小学生如何避免网游诈骗？

1. 不贪小便宜。中小学生要明白“天上是不会掉馅儿饼的”，像中奖、大礼包、低价游戏币等，都有可能让自己得不偿失。

2. 与“钱”好好聊聊。中小学生自身没有收入，打游戏的费用多数是自己的零花钱，难免会看到某些低价物品心动，失去理智。中小学生在网游的过程中，凡是遇到跟“钱”打交道的，一定要三思而行，不能轻易给陌生人转账。

3. 不点击陌生人发来的信息。中小学生在网游的过程中，不要随便点击陌生人发来的链接、邮件或者图片，这些信息很有可能带有木马病毒，导致账号信息被盗。

4. 培养其他爱好，远离网游。中小学生目前最重要的还是学习，在学习之余，同学们可以通过集体活动、画画、练字、散步等方式打发时间。

005 网上买票骗局知多少

互联网普及以来，人们便习惯了在互联网上购票，火车票、演唱会门票、电影票、话剧演出票、景点门票等都可以在网上购买，中小学生平常可能也会通过互联网购票。然而，互联网购票虽然方便快捷，但也存在一定的安全隐患。有一些不法分子会制造骗局，使同学们遭受经济损失。

中学生肖某是五月天的粉丝，攒了一年多的钱就为买五月天的演唱会门票，可是门票早早售罄。无奈之下，肖某就去搜索引擎上搜索票务网站，一家名为“SM娱乐票务网站”称还有余票。肖某转了2000元给该公司，客服人员称，肖某购票成功，将在七天后寄出门票。七天过后，肖某想上网看看出票情况，不料该网站已经打不开。他再上网搜索该公司时，发现很多网友反映被该平台骗了钱。

小学生王某在某论坛看见有人在转让新年国家大剧院《天鹅湖》舞台剧的门票，王某一直都喜欢芭蕾舞，一直想要去剧场看看《天鹅湖》的演出，可惜每次都抢不到票，黄牛票价又太高。该转让者称演出那天有事，原价转让，王某生怕票被其他人买走，便赶紧联系该网友。网友称自己购买的是A类套餐，360元，并把支付截图和票的照片发给王某，王某想都没想，就给该网友转了360元，该网友收到钱后称还需要20元快递费，还说尽快给其寄过来。过了两天，王某想问该网友门票是否已经寄出，才发现已经被拉黑了。

看电影时需要购买电影票，回家时需要购买车票，旅游时需要购买景区门票，购票在生活中无处不在。中小学生在购票时，一定要管好自己的财物，提防被骗。同时，中小学生应该有安全防范意识，远离骗局。

以下是中小学生在购票的过程中常遇到的几种骗局：

1. 网站虚假或山寨网站。中小学生在买票时，难免会遇到官网票售罄的情况，这个时候，会有不法分子通过克隆官方网站或者创立虚假网站，骗取同学们点击。这些网站大多携带木马病毒，同学们一点击，黑客就可获取同学们的 IP 地址，窃取个人重要信息。

2. 谨防低价陷阱。高价会让中小学生望而止步，低价可能正好迎合其贪小便宜的心理。不管同学们买什么票，都不能因为看到某个陌生网站或某个陌生网友售价低，就贪图便宜，通过非正规渠道购买。

3. 抢票软件“陷阱”。当官网的票售罄之后，同学们可能会去搜索引擎上寻找各种抢票软件，很多时候这些抢票软件会收取数额不等的费用。同学们付款之后，可能打开的是官网的某个链接，是无法购票的。

4. 先转钱，再寄票。同学们通过论坛、微信、微博等社交平台寻找转手的票时，一是生怕别人抢先一步，二是生怕对方不卖，不敢过多怀疑，也不敢多问，只想赶紧给对方付钱，图个心安。对方说先付钱、再寄票，大部分同学们不会想太多，直接支付，等对方收完钱之后，同学们发现自己已经被对方拉黑。

中小学生在买票的过程中，如何避开骗局，正确购票呢？

1. 正规官网购票。火车票一般用 12306，话剧、舞台剧、音乐剧可选择大麦官网，电影票可用美团、大众点评、支付宝、微信等软件购买。不要去陌生的、新建立的网站购买，不要在 QQ 群、微信群里购买。

2. 识别虚假网站。中小学生要学会识别假网站、假链接，不轻易点击不明链接。

3. 拒绝先付款、再寄票。诈骗分子会在交易过程中给同学们发票的照片或者自己支付的截图，目的是让同学们相信其确实有票。但是，同学们不要忘了，这些票也有可能是利用图片处理软件做出来的，事实上对方很有可能根本就没票。因此，同学们遇到先付款、再寄票时，不要害怕问多了对方生气，也不要担心支付晚了被别人抢，一定要确定票的真实性后再付款，或者要求货到付款。

006 网购遇骗的应对方法

在手机上动动手指，喜欢的东西即可送货上门，不用花时间去商场挑选；在网上货比三家，不用一家店、一家店地对比；一键即可加减购物车，不用去想各种借口拒绝卖家……网购方便、自由、快捷，很受中小学生的青睐。但是，就像硬币有正反两面一样，网购也有其弊端，如网购诈骗方式越来越多，带有很大的欺骗性，受害者难以挽回自己的损失。因此，中小学生在网购的过程中，一定要提高警惕，注意保护个人隐私，谨防落入不法分子的圈套。

刚刚上七年级的小丽十分喜欢网上购物，在网上她总能找到自己喜欢的东西。一天，她决定在网上买一部手机。为了降低风险，小丽选择的是“钻石级”的卖家，选好手机后，对方称还未开通第三方支付平台，只能接收银行卡汇款，小丽想都没想直接给对方银行卡汇了 1200 元。一周之后，小丽没有收到任何手机的信息，也查不到物流信息。无奈，小丽只能给卖家打电话，可卖家手机不是“不在服务区”，就是关机。过两天再打时，对方已停机，小丽的1200元钱就此打水漂了。

八年级的小美很喜欢在网上购买各种品牌衣服、化妆品、包包。有一次，她看上了一款连衣裙，但是官方旗舰店价格太贵，她就开始在网上找同款。终于，她找到一家价格比较合适的店铺，这是一家新开的网店。官方价格1500元，而这家同款裙子只要500元，小美立刻下单。过了两天，小美收到一条退货的短信，对方称其买的连衣裙已经断货，点击下面链接，可按操作退款。小美点开，操作完后，并未收到退款，却收到手机银行卡消费的短信，卡里被划走了500元。奇怪的是，过了两天，小美就收到了之前买的裙子，原来该裙子并没有断货。

网上商品种类齐全，价格不一，卖家更是鱼龙混杂。因此，中小学生在网购时，除了要辨别商品本身的真假外，还要时刻提防卖家陷阱，要保护好自己的隐私，以防被黑客入侵。那么，同学们究竟该怎么做呢？

最重要的，是要学会识别网上购物的诈骗形式，以下是几种常见的诈骗形式：

1. 以超低价为诱饵骗取消费者信息。一般同学们会被某个网站低价商品吸引，进入某个虚假购物网站，看见上面商品齐全，价格又不昂贵时，往往会经不住诱惑下单。需要注意的是，这种虚拟网站意在获取同学们个人信息。

2. 利用“变脸”的方式欺诈消费者。有的虚假购物网站在使用一段时间之后，就会更换新网址，公司名称、联系电话、电子邮箱、地址也都会更换掉，因此以前汇款购物的同学很难将它找到，但是网页上那些骗人的内容不会发生变化。

3. 交易方式单一。有的卖家在同学们购买商品时，只提供银行汇款这单一的交易方式，银行账户通常是个人，且订货的规则为先付款后发货，这就给一些卖家提供了诈骗机会。

4. 假“正规”购物网站。有的虚假购物网站看似十分“正规”，不仅有公司名称、联系人、联系电话、电子邮箱、地址，还有信用资质和互联网信息服务备案编号等，中小学生看到如此“正规”的网站，自然会放松警惕，以致被骗。

5. 下单之后再敲诈。当同学们下单后，骗子就会打电话称，该商品要求批量购买，且该批货已经准备好，要求同学们把余款、押金或税款之类的费用汇过去，否则就不发货，并称该商品不接受退款。有的同学出于已经汇出第一笔钱，会选择继续汇款；有的同学则果断不要这件商品。

为了避免网购时受到诈骗，中小学生需要做到以下几点：

1. 提高警惕，不贪小便宜。中小学生在遇到卖家价格要比市场价格低出很多，交货期限十分短时，一定不能被超低价格迷惑，不要有贪小便宜的思想，要认真辨别卖家留下的信息，对于只有一个手机号码，没有固定地址，也没有固定电话的卖家，一定不能轻易交易。

2. 认真核实商家各项信息。中小学生可以利用搜索引擎，查询供货信息里留的公司名称、联系人、联系电话、银行账号等关键的信息是否一致。若是发现上述信息不一致，就一定要提高警惕。

3. 使用第三方支付平台，不转账到私人账户。一般正规大型的购物网站会让买家先把钱存到第三方账户，确认收货后第三方才会把货款转给卖家。中小学生不要轻信卖家而选择直接转账，一定要使用这些相对安全的第三方支付平台。

007 防范网络钓鱼的技巧

钓鱼网站是一种进行网络欺诈行为的网站，指不法分子通过各种手段，利用真实网站服务器程序上的漏洞，在站点的某些网页中插入危险的HTML代码，或仿冒真实网站的URL地址、页面内容，来骗取用户各种账号信息、密码等个人资料。中小学生对网络信息的辨别能力较弱，很容易对钓鱼网站信以为真，导致个人信息泄露、经济受到损失。

中学生小越想买手机充值卡，在网上看到一个卖家以60元的价格转让一张价值100元的移动充值卡。小越想与卖家取得联系，可是对方一直都不在线。小越通过商品详情页找到卖家的联系方式，发现对方还留下了另一个购物平台网址，并声称这个网站的东西价格超低。小越想也不想就打开了对方留下的网址，找到自己要买的充值卡，并输入妈妈的银行卡账号和密码付款。过了一会儿，妈妈来电问小越怎么一下子花了2000元钱。小越说自己只在网上买了一张充值卡而已，没有多花钱。妈妈听后觉得不对劲，让小越把整个购买过程详细说了一遍。听完之后，妈妈告诉小越：你被骗了，这是一个钓鱼网站，不能购买任何商品。否则会被操控该网站的人盗取银行卡账号、密码，取走卡里的钱。

“钓鱼”时，受骗者往往会收到含欺骗内容的消息，可能是QQ消息、电子邮件或短信，有时网络游戏客户端内也会出现骗子发出的欺诈消息。除了购物网站之外，钓鱼网站还有很多其他外衣，所以中小学生一定要文明上网，不访问陌生网站、不点击不明链接，要有网络安全意识，保护个人隐私，不在陌生网站中输入自己的真实信息，尤其是银行卡信息。

一般钓鱼网站热衷的类型主要有：

①在线购物网站（假的支付页面，假的淘宝店）。②与QQ有关

的钓鱼诈骗，如QQ秀、QQ中奖。③网络游戏类（冒充网游道具账号交易网站、冒充网游公司的中奖活动）。④娱乐类电视节目（伪装成《快乐大本营》《星光大道》《非诚勿扰》等）。⑤火车票、机票预订，假航空公司，假旅行社等。⑥股票黑马网站（推荐股票、骗取高额会员费，一般自称专擒黑马）。⑦彩票分析类（六合彩、体彩、福彩）。

中小学生如何识别钓鱼网站，避免自己遭受损失呢？

1. 查验“可信网站”。中小学生可以通过第三方网站身份诚信认证来对网站的真实性进行辨别。现在许多网站都在首页上安装了第三方网站身份诚信认证——“可信网站”，这有利于中小学生判断网站的真实性。“可信网站”验证服务，是通过对企业工商登记信息、企业域名注册信息和网站信息进行严格交互审核来验证网站真实身份，经认证后，企业网站会进入到中国互联网络信息中心运行的国家最高目录数据库中的“可信网站”子数据库中。中小学生可以通过点击网站页面底部的“可信网站”标识来辨别网站的真实身份。中小学生在网络交易的时候一定要养成查看网站身份信息的习惯。

2. 比较网站内容。假冒网站上的字体不仅模糊不清，而且样式也不一致。假冒网站上无链接，中小学生可以点击图片或栏目中的各个链接看看是不是能打开。

3. 核对网站域名。假冒网站与真实网站之间有细微的区别，如果中小学生有疑问，可以认真辨别它们的不同之处，如在域名方面，假冒网站中英文字母I往往会被换为数字1，CCTV会被替换为CCTV－VIP或者CCYV这样的仿造域名。

4. 查看安全证书。现在，大型的电子商务网站往往都应用了可信证书类产品，这些网站网址的开头为“https”，对于开头不是“https”的一定要谨慎对待。

5. 查询网站备案。利用查询ICP备案可以得知网站拥有者的情况、网站的基本情况，对于没有取得ICP许可证的经营性网站或没有合法备案的非经营性网站，有关部门会根据网站性质予以罚款，甚至要求关闭网站。

第四章

警惕拐骗，提高安全意识很重要

艰苦朴素、互帮互助是中华民族的传统美德，中小学生应该学会热爱集体，互相帮助，尊老爱幼，礼貌待人。此外，中小学生还要提高安全意识，切记不与陌生人搭讪、不透露家庭信息、外出时与父母做好约定、遇到困难时寻找合适的求助对象。中小学生是新的一代，是家庭的希望、国家的未来，希望他们能够远离拐骗，顺利成长。

001

炫富背后的安全隐患

中小学生或多或少都有点虚荣心，喜欢与人攀比，想以此来获得别人的尊重，证明自己的存在感。比如，将最新的苹果手机挂在脖子上，生怕别人不知道自己用的是什么手机；或者在社交平台上发照片，似乎想让全世界都看到自己的苹果手机。殊不知，如此明目张胆的炫富，会引起不法分子的注意或同学的嫉妒，给自己带来安全隐患。

晨晨是江西省赣州市厚德路小学五年级的学生。一天下午，晨晨独自走路回家，行至赣一中附近时，遇到了三名初中女生。女初中生看到晨晨挂在胸前的手机，立刻将晨晨拦了下来。其中一名女生对晨晨说："把你的手机拿下来，借我打一个电话！"晨晨不肯，另外一名女生抬手就给了晨晨一记耳光，凶狠地说："快拿下来！"晨晨一边用脚踢向打自己耳光的那名女生，一边给爸爸打电话，大声喊"有人要抢我的手机"，有人围过来后，那三名女生立刻逃走了。

2011 年 7 月 31 日上午，中学生王某在淮河路步行街宿州路口庐州烤鸭店的门口排队，突然感到自己的脖子被别人勒了一下，当她向自己的脖子看去的时候，发现自己的金项链不见了。回头一看，一位神色慌张的年轻人，冲出人群向寿春路方向跑去。王某连忙喊道："那个人抢了我的项链，快拦住他！"那名年轻人很快消失在拥挤的人群里。事情发生之前没有一点征兆，对方从拽下项链到消失，加起来不到一分钟，这让王某措手不及。

财不露白，就是不要给别人看自己的钱财，以免引起别人的觊觎之心，导致自己的财产受到损失或生命受到伤害。即便是成人将贵重物品暴露出来，也可能会遭到抢劫，更何况是弱小的中小学生呢？因此，外出时，中小学生不要将自己的贵重物品暴露出来。

在平常生活中，中小学生应做到：

1. 穿着要朴素大方。中小学生不宜穿名牌衣服，背名牌包，也不宜穿金戴银、涂脂抹粉，以免被坏人跟踪，成为坏人的作案对象；而且中小学生的主要任务是学习。同学们要明白精神的富裕比穿戴名牌更让人尊敬。

2. 不宜带太多现金。除了必备的学习生活用品外，中小学生平时不宜带太多现金。如果情况特殊必须带钱时，也一定要妥善保管，不要随便告诉周围人，以免引起别人的觊觎。

3. 不要和同学攀比。中小学生不应该存在相互攀比心理，看见别人背名牌书包，就也要买一个；别人穿名牌衣服，自己也买来穿……这是一种错误的思想。中小学生应该追求精神的富足而不是物质的享受。

4. 生命最重要。不法分子在对中小学生实施抢劫时，往往都会确认他们身上是否携带值钱物品，如暴露在外面的项链、挂在胸前的手机等贵重物品，都会成为不法分子下手的目标。因此，中小学生在遭到抢劫的时候，应采取灵活的方式，切忌与对方硬拼，一定不能以生命为代价保护财物。

5. 与同学结伴出行。上下学的时候，中小学生最好和同学结伴而行，在注意交通安全的基础之上，尽可能走人比较多或繁华的路段。

002

不要在集体活动中落单

为了促使中小学生德智体美劳全面发展，各个学校会举行一些集体活动，如爬山，以锻炼同学们的身体，培养同学们的毅力。但是，有时候集体活动也可能会突发一些意外事故，有同学落单就是其中一种。

今年暑假，小学生张某所在的班级组织了一次野炊活动。到达目的地之后，同学们自由组合，有的洗菜，有的切菜，有的拾干柴，有的打水，大家都很开心。张某的任务是捡拾干柴，本来他是与几个小伙伴一起的，后来有小伙伴提议说："我们分头行动吧，20分钟后在这会合。"20分钟之后，大家都回到了商定好的地方，只有张某没回来。等了几分钟，大家想反正这里离大部队也不远，张某回来的话可以自己回到大部队，于是开始往回走了，后来参加了其他活动，就把张某给忘了。

等一切都准备得差不多，同学们坐下来准备享受自己的劳动成果时，有位同学问："张某还没回来吗？"大家相互看了一圈，并没有发现张某。拾柴的几个同学才把一小时前的事情告诉老师，老师立刻叫同学们一起去寻找。

后来在一个山沟里找到了昏迷不醒的张某。原来，张某拾柴时，一脚踩空，摔下山沟，头撞在大树上，晕过去了，幸好没有生命危险。

某小学每月会举行一次志愿者活动，组织小学生去做义工，有时候是打扫社区、街道，有时候是去养老院帮忙，这次是去养老院。来到养老院后，同学们自由活动，有的陪老人聊天，有的给老人唱歌，有的帮老人洗脚。

三年级的小新独自来到一个房间里，看里面有一个老人和一个阿姨，便向她们介绍了自己的身份，还问老人是否需要帮忙，老人让小新坐下聊天。小新坐下之后，旁边的阿姨开始问小新问题：家在哪里、有几个人、爸爸妈妈做什么工作……小新没有任何的防备心理，全部如实相告。聊着聊着，阿姨递给小新一颗棒棒糖，小新吃完后就睡着了。

等小新醒来时，发现自己的手脚被绑着，不知道身在何处。一会儿，门开了，小新看到了与自己聊天的阿姨和一个陌生人，接过陌生人手中的钱后，阿姨离开，小新知道自己被拐卖了。

老师一口咬定小新是在养老院突然失踪的，可是警察看了很久的监控，并未发现小新离开过养老院，他们只能在那天进出养老院的人身上找线索，才发现当天有名戴着口罩的女子推着一个老人离开，之后再也没回来过，而养老院老人的数量并未减少，院长称这个老人未曾见过，警方立即寻找该女子和老人。找到该女子之后的一周，小新才被警察找到。

学校组织集体活动，不仅可以增加同学之间的交流机会，还能使同学们获得某些方面的技能。但是，同学们在参加集体活动时，也要提高警惕，千万不能落单。要知道，我们预料不到意外会在什么时候到来，骗子会以什么方式出现。

那么，为什么集体活动不要落单呢？

1. 出现意外有照应。中小学生在参加爬山、春游、野炊、劳动等集体活动时，可以互相帮忙、互相照应。比如，爬山时不慎摔倒，其他小伙伴可以及时找老师帮忙，帮助自己快速脱离困境。

2. 犯罪分子不敢作案。中小学生在集体活动时，可能会去一些偏僻的场所，也会去一些人多的场合。比如，在野炊露营时，落单的同学一旦被犯罪分子盯上，是很有可能出事的；在养老院的时候，会有很多进进出出来探望的陌生人，落单的同学可能会被陌生人盯上，这也非常危险。因此，同学们在集体活动时不能落单，不能让犯罪分子有机可乘。

那么，在集体活动中，同学们落单了，该怎么办呢？

1. 及时联系老师、好友，迅速回到集体中。同学们在参加集体活动时，要牢记带队老师的联系方式，如果不小心与集体走散，也不要慌张，应该及时联系带队老师，说清楚自己的位置，按照老师的指令行动。或者及时联系自己的好友。总之，要想办法回到队伍中。

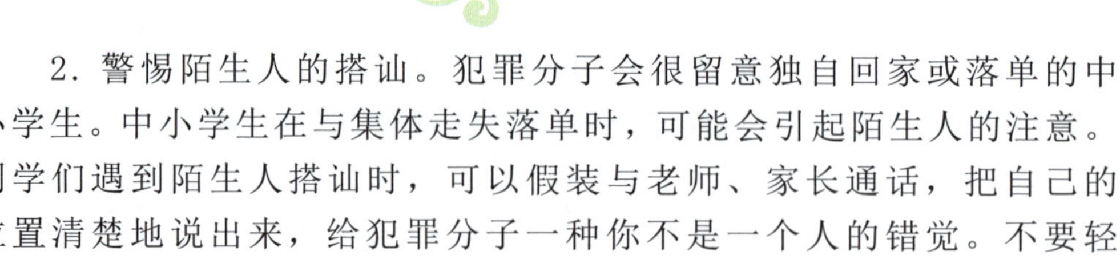

2. 警惕陌生人的搭讪。犯罪分子会很留意独自回家或落单的中小学生。中小学生在与集体走失落单时，可能会引起陌生人的注意。同学们遇到陌生人搭讪时，可以假装与老师、家长通话，把自己的位置清楚地说出来，给犯罪分子一种你不是一个人的错觉。不要轻易相信陌生人的“好意”（送你回家、帮你拿书包等），更不要吃陌生人给的任何食物。

3. 寻求警察帮助。中小学生集体活动时，一旦与老师、同学、家长联系不上，可以拨打110寻求警察的帮助，不要盲目一个人乱走，也不要跟着陌生人走。

4. 找标志物，说清楚自己的具体位置。无论是向老师、同学，还是警察求助，同学们要能够说清楚自己的位置。如果手机、电话手表有定位功能的话，一定要好好利用；如果无法定位时，要找周围有标志性的物品，弄清楚自己的位置。

003 不要随便透露家庭信息

在中国，家与国相辅相成，息息相关。守护每一个小家，就是守护我们的大国。同学们来自不同的家，守护家的安全是同学们的责任和义务，保护家庭信息安全，不随便透露家庭信息是守护家的方式之一。

中学生王某乐观开朗，常常与同学去校外玩，结识了很多校外“朋友”。出去玩了几次之后，王某便把自家的家庭住址及座机号码都告诉了这些新朋友，说方便联系。周末时，王某像往常一样外出玩耍。不久后，王某爸爸妈妈接到一个电话，对方称王某在自己手上，想要孩子平安回家的话，立刻往某卡上打两万块钱。父母生怕王某有

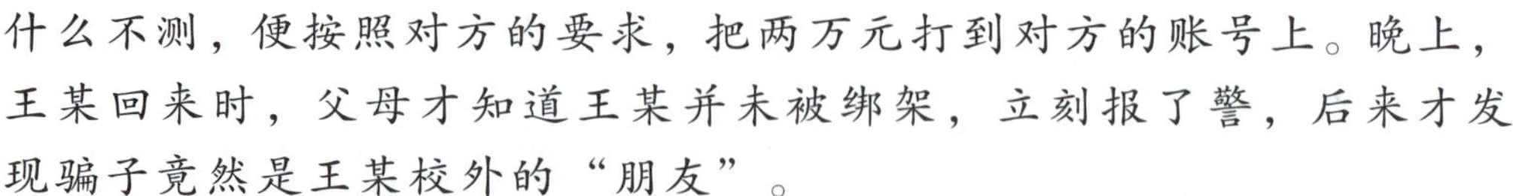

什么不测，便按照对方的要求，把两万元打到对方的账号上。晚上，王某回来时，父母才知道王某并未被绑架，立刻报了警，后来才发现骗子竟然是王某校外的“朋友”。

田某虽然只是个小学生，但大书包里早已装满了各种各样的书，重量不轻。

一日，田某一个人走在放学回家的路上，突然一个“热情”的阿姨走到他身边，跟他攀谈起来，还主动帮他背书包。之后的几天，每当田某一个人回家时，这位“热情”的阿姨总会出现在他身边，并主动帮他背书包。渐渐地，田某对阿姨消除戒心，把家里的电话、住址、爸爸妈妈上班地点、经常加班等消息告诉阿姨。

一天，田某放学回家后，发现家里被人翻了个底朝天，他立刻通知爸爸妈妈，并报了警。警察破案后，田某还跟爸爸去见了罪犯，当他看到罪犯竟然是那位“热情”的阿姨时，吓得说不出话来。

家庭住址、家庭成员信息、家中座机电话、家人身份证号码、家人工作单位等都属于家庭信息，都不能随便透露给陌生人。案例中的田某、王某就是因为向陌生人透露了家庭信息，才导致家里被偷、父母被敲诈勒索的事情发生。

因此，同学们在社交的过程中，不要轻易相信只见了几次面的陌生人，更不能向他们透露自己的家庭信息。

家庭信息遭泄露之后，可能会带来以下危害：

1. 敲诈勒索。中小学生在遇到热情的陌生人或其他人介绍的陌生朋友时，不要轻易透露家庭座机号码或者父母电话，以防犯罪分子对你父母敲诈勒索。

2. 入室偷盗。父母的工作、上下班时间，回家时间、家里几口人等，都不能向陌生人透露。谨防陌生人入室偷盗。

3. 克隆证件，实施违法行为。在任何情况下，中小学生都不能把父母身份证号、其他证件号、电话号码告诉陌生人。同学们要知道陌生人有可能会通过克隆、复制身份信息等，进行违法犯罪活动。

4. 骚扰短信、垃圾邮件、电话推销。父母电话、邮箱的信息被透露后，父母很有可能会收到各种骚扰信息、垃圾短信或电话推销。

中小学生在社交过程中，如何保护家庭信息？

1. 不结交校外陌生人。中小学生应当以学习为重，不去招惹校外陌生人。同学们可以结交校内同学，一来可以相互学习，二来可以相互玩耍，三来可以互相照顾。

2. 不告诉陌生人家庭信息。在生活中，同学们可能会遇到一些热情的陌生人，他们会以下次找你玩为借口，向你索要家里联系方式。这个时候，同学们一定要谨慎，你可以胡乱编一个信息或者找借口离开。

3. 不谈论与家人有关的话题。中小学生遇到陌生人搭讪时，凡是谈到与家人有关的话题，要学会巧妙地转移话题，无法应对时一定想办法脱身。

4. 不填写路边问卷。当遇到陌生人要求填写问卷再领取礼品时，同学们要委婉、果断地拒绝。

5. 不在网上透露真实信息。中小学生在网上社交时，不能透露个人真实信息，更不能将自己的家庭信息告诉网友。

004 坏人惯用的伎俩有哪些

俗话说：知人知面不知心。“好人”“坏人”并不会直接写在脸上。不是长相凶恶的就是坏人，长得和善的就是好人。因此，中小学生在与陌生人打交道的过程中，要有一定的安全意识，以防被陌生人拐骗。

2015 年的某个下午，小学生琳琳独自走在放学回家的路上。忽然，一辆车停在她身边，一个 40 来岁的男士伸出头，向琳琳询问某处怎么走。琳琳给他指了路线之后，男士称自己是外地人，第一次来这个城市出差，对这个城市不熟，问琳琳能不能上车为他指路。琳琳想着反正顺路，就上车了。上车之后男士递给琳琳一瓶水，琳琳喝下后就睡着了。等她醒来时，发现双手双脚都被牢牢绑住，她这才知道自己被拐卖了。

中学生小亮生性活泼，很喜欢与陌生人交谈。有一天放学路上，小亮遇见一个陌生人问路，因为正好跟小亮一个方向，所以他们两人边走边聊。陌生人递给他一包曲奇饼干，小亮边走边吃，一会儿感觉头晕，后来就失去了意识。等他醒来时，发现自己被关在一个小黑屋里，手脚都被绑住了。

小学生王某是个善良的孩子，每次遇到乞讨者，都会把身上的零钱给他们。有一天，一个乞丐向他伸出双手，他见乞丐是个和善的老爷爷，便与对方攀谈起来，还把身上 100 元钱给了乞丐。乞丐对他表示感谢，然后说自己不记得回家的路，问王某能不能送他回家，王某答应了。当他们走到一个胡同时，王某突然被什么东西敲了一下脑袋，晕了过去。当他醒来时，听见那个所谓上了年纪的乞丐正在打电话，似乎正在向自己的父母勒索钱财。原来，王某被一个“老人家”绑架了。

中小学生善良、防备心弱、富有同情心，很多犯罪分子正是抓住了这些特点，用花样繁多的手段对中小学生进行拐骗。因此，中小学生要学会识别坏人惯用的伎俩，遇到坏人时要学会及时求助，自觉远离、避开坏人。

坏人在拐骗中小学生时惯用的伎俩有：

1. 假装问路。当陌生人向中小学生问路并请求带路时，同学们一定谨慎，不要冒冒失失给对方带路；另外，当陌生人称自家宠物走失、钱包丢失，请你帮忙寻找时，同学们也要小心。

2. 零食诱惑。陌生人可能会以各种零食诱惑同学们，如棉花糖、糖葫芦、冰激凌、棒棒糖等，甚至还会哄骗说自己家里有很多零食，可以去他家吃等。

3. 改头换面。有些坏人称自己是中小学生父母的朋友，受父母委托来接同学们回家；有些坏人则会以其他身份如警察、快递员、邻居、物业等，混淆同学们的视听，企图骗取同学们信任，对同学们实施拐骗。

4. 装可怜，博取同情心。有些坏人利用年纪大、残疾、衣服破等来博取中小学生的同情，将同学们骗至偏僻处进行拐卖。

因此，中小学生在日常生活中，要学会识别坏人的惯用伎俩，增强自身安全防范意识。

1. 不给陌生人带路。中小学生在遇到陌生人问路时，可以帮忙指路，但是不能带路，最好是赶紧离开，不要与其交流。

2. 不吃陌生人食物。害人之心不可有，防人之心不可无。中小学生应做到：不接陌生人给的任何东西，不吃陌生人给的食物，不喝陌生人给的饮料。

3. 选择合适的求助对象。如果陌生人缠着你，要求你帮他寻找什么东西或者带路时，同学们可以带他去有警察的警车求助，或者向学校保安人员求助，千万不能给其带路，帮其找东西。

4. 大声呼叫，引起注意。同学们若是遇到有人强行说是自己父母、亲人，硬把自己拉走时，要立刻大声求救，引起周围人的注意。

5. 不去偏僻的地方玩耍。中小学生不要独自去无人的建筑物、废弃的大楼、空旷的楼顶玩耍，这些地方多数没有摄像头，人烟稀少，是犯罪分子心中最佳的作案地点。因此，中小学生不能在偏僻的地方玩耍。

005 外出前和家人做好约定

中小学生有自己的社交圈，放学、寒暑假、节假日、周末时都有可能跟朋友一起出去玩。同学们在外出玩耍时，父母最担心的是同学们的安危，“伤在儿身，痛在娘心”，哪怕只是受到一丁点儿的伤害，父母都会很担心。因此，同学们外出时，要学会体谅父母，要与家人做好约定，不要让他们担心。

中学生娜娜每天放学回家都会去找好朋友莉莉玩，有时候也会在莉莉家过夜。一开始娜娜妈妈会给莉莉父母打电话，但是时间长了，就放松了警惕。只要娜娜不回家，父母就认为她在莉莉家。有一次，娜娜连续两天两夜没回家，父母打电话问莉莉妈妈，没想到对方说娜娜好几天都没来了。父母感觉不太对，于是给学校老师打电话，老师说娜娜说生病请假，好几天没来上学。父母立刻报了警，等警察找到娜娜时，她正在郊区和其他班的几个同学玩耍。原来，她假装生病，是为了参加其他班四天三夜的户外活动。

小学生张某父母工作都很忙，没时间照顾张某。张某常常不打招呼外出，有时候一出去就是好几天，父母怕他出事，常常给他打电话，但他几乎都不接。有一次，张某一周没回家，电话无法接通，父母只得寻求警察的帮助。警察根据张某最近的消费记录发现，张某最后一笔消费是买某景区的门票，便去景区查看监控。奇怪的是，只看见张某进景区，并未看见张某出来。于是，警察和景区工作人员展开地毯式的寻找，最终在一片没有监控的灌木丛中发现了张某的尸体。警方推测，张某应该是走野路时不慎从高处摔倒，头磕到硬物死亡。

在这个案例中，外出不打招呼、不接父母电话的行为都是不可取的。中小学生要学会和父母相处，要体谅父母的难处，随时跟父母保持联系，让父母了解自己的动态，主动让父母参与自己的成长过程。那么，中小学生与家人做好约定究竟有多重要呢？

1. 使家人心安。都说可怜天下父母心，父母时时刻刻为同学们担心。当同学们外出玩耍时，他们会担心同学们是否会干坏事，是否遇到了坏人或是否受伤等。中小学生在外出玩耍前，与家人做好约定，能够使家人心安。

2. 遇到突发事故时，家人能第一时间到场。当家人知道同学们在哪里玩耍时，遇到突然下雨时，会及时送上雨伞；同学们不小心受伤时，能第一时间赶到现场。外出前与家人约定，也是我们生命安全的一道保障。

3. 深化感情。有些父母忙于工作，与孩子交流沟通的时间可能比较少。日常的这种约定需要父母、孩子双方参与，才能够深化家人之间的感情。

那么，中小学生要如何与家人做好约定呢？

1. 外出跟家人打招呼。中小学生每次外出时，要告诉家人要去哪里、去干什么、和谁去、去多久等。

2. 遇到意外及时联系。中小学生外出玩耍不能按时回家时，要及时打电话告知家人，并告知原因，不要让家人担心。

3. 随时与父母聊天。中小学生可以通过微信、QQ 等向父母发送自己的位置，告诉他们自己在干什么，或者拍一些小视频让他们看看周围的环境。

4. 及时接听父母电话。中小学生在玩耍的过程中，要把手机调成铃声模式，父母来电时要及时接听。

006 迷路时警惕坏人的陷阱

中小学生去陌生的地方时，可能会因不熟悉地形而导致迷路。有些同学可能会因为迷路情绪崩溃，有的同学会东张西望，有的同学会在一个地方反反复复地走，这些行为都很容易引起周围坏人的注意。因此，中小学生应该学会正确应对迷路的方法，以防引起坏人的注意，遭到拐骗。

一年级的小华周六跟妈妈一起逛商场，在妈妈试衣服的时候，调皮的她跑出了商场，小华东看西看，转身就忘了妈妈在哪家店，大声哭了起来。一个陌生的阿姨走过来说："小朋友，你先吃糖，我带你去找妈妈。"小华看见用卡通纸包装的糖果后立刻不哭了，剥了一颗糖吃，然后安心地跟着陌生的阿姨走。阿姨带着小华走出商场，上了一辆私家车。小华妈妈试完衣服出来，发现孩子不见了，立刻向商场服务台请求帮助。小华的妈妈从监控中发现原来小华被陌生人带走了，立刻报了警。因为对方离开的时间不长，小华很快就被警方救出。

有一次，中学生江某去找同学玩时，不小心迷失了方向。他随便找了个路人问路。对方称自己正好要往那边走，让江某跟着他走。两人一边走一边闲聊。渐渐地，江某发现地点越来越空旷，越来越偏僻，人越来越少。对方称这是条近路，很多人不知道。江某没有怀疑，继续跟着他。走到一个破旧的房子前时，那个人突然大喊了一声，瞬间冒出了几个壮汉，手里都拿着刀，江某才发现自己上当了。

迷路是一件很平常的事情：在城市会迷路，在农村会迷路，在森林会迷路，在沙漠会迷路。总之，迷路本身并不可怕，但令同学们不知所措的是：迷路时怎么办，怎么求助，该不该向陌生人求助，分不清方向怎么办，手机没电怎么办，遇到坏人怎么办……

在中小学生迷路时，坏人会如何设置陷阱呢？

1. 假装顺路，实则带你去更偏的地方。同学们在迷路时，常常会向陌生人寻求帮助，这个陌生人可能是坏人，他会假装说自己正好顺路，让你跟着他走。遇到这种情况时，同学们一定要小心，不要轻易跟着陌生人走。

2. 假意攀谈，随意攀亲，消除你的防备心。同学们在迷路时，可能会在某个路口稍做停留，以辨清方向。如果这个时候有陌生人跟你搭讪，问你姓什么，是哪里人，等你回答完之后，陌生人会告诉你，自己和你是同一个地方的人，以拉近彼此的心理距离。之后开始套话，然后再给你设置陷阱。

3. 说是你父母的朋友。有时候，当同学们正在看地图、找路标时，上来几个陌生人跟你搭讪说是你父母的朋友，在一次聚会上还见过你。然后假装问你父母的近况，接着热情地表示要送你一程。就这样，还没等同学们反应过来，就被人带走了。

那么，中小学生在迷路时应该怎么做呢？

1. 打电话求助。给父母或朋友打电话，告诉他们你具体的位置，让他们来接你。

2. 选择合适的对象问路。向周边饭馆服务员、保安、交警、民警寻求帮助，中小学生最好不要向陌生路人寻求帮助，以免碰到坏人。

3. 使用手机地图。除了打电话求助外，同学们还可以利用手机百度地图，根据地图的指示找到目的地。

4. 寻找最近公交站点。最近的公交站点可以很快地帮助同学们认清自己所在的位置，同时，同学们有可能会在公交站牌上找到自己熟悉的地点。

第五章

面对陌生人，巧妙防范很关键

在上学、放学路上，电梯里、家里，在网上，中小学生都有可能接触到陌生人。同学们有时无法准确判断一个陌生人是好人还是坏人。所以，为了保护同学们自身安全，同学们要学会巧妙应对各种场合的陌生人的技巧，如学校里的陌生人、电梯里的陌生人、旅途中的陌生人、网络里的陌生人等。

001 如何面对学校里的陌生人

学校是集体生活的地方，如今很多中小学校都配备了学生宿舍、食堂、操场、体育馆等设施，使学校成了一个集学习、生活于一体的公共场所。中小学生可以选择住校，也可以选择走读。学校里人来人往，同学们可能会看见一些陌生的、不像学生的新面孔。当这些拥有新面孔的陌生人与同学们搭讪时，同学们应该如何应对呢？

中学生王某今年九年级了，正处于紧张的中考复习中。为了节省更多的时间学习，王某选择了住校。周日，王某正准备睡午觉，突然听见敲门声，睡在门旁边的室友开了门。进来一个穿着朴素的、学生模样的“姐姐”，她称自己也是本校的学生，趁着周末向同学们卖点学习用品，赚点零花钱。她手里拿着一些文具和笔记本，因价格不贵，几个室友各买了一些。

这个“姐姐”问：“我看你们是九年级的，有没有听说过××中考密卷？这个卷子很厉害，听说去年押中好多题呢！”

“我们怎么没听过啊？”其中一个室友问道。

“没听过很正常啊，这可是密卷，是出题老师编的，市场上见不到。”

“那在哪里能买到呢？”

“我能帮你们找到货，但是价钱很高的！如果买的人多的话，会稍微便宜一点。”

“多少钱一套，全科的？”

“语数英、物化生、政史地9科800元一份，超过10人的话每人700元。”

一个宿舍6个人，全都买的话也还差4人，于是王某把隔壁宿舍的同学也叫过来，问她们是否有人想买。大家都愿意买，那个人说：“看你们人数比较多，而且又是学生，我再给你们便宜点，每人收650元，希望你们都能取得好成绩，进入理想的高中。因为我要先去订货，所以你们就先交500元吧，剩下的钱，等我把卷子给你们送来时再给我。”同学们交了钱，那个人也像模像样地收钱，开了收据。“收据大家收好啊，上面有我的联系方式，有需要学习用具的可以联系我哦！”这位“姐姐”答应周三晚上把密卷送到宿舍。

等到了周三晚上10点，王某和室友还未见密卷，便掏出收据，拨打收据上的号码，语音提示该号码是空号，她们才发现自己被骗了。

在紧张复习的状态下，加上做密卷拿高分的诱惑，不仅仅王某及其室友，可能很多中小学生都会抵制不住。我们不能只是一味去抨击王某一干人等不务实、想占小便宜的心理，更应该去反思这件事情发生的根本原因：为什么会有陌生人在宿舍推销东西？为什么同学们经不住诱惑？只有这样才能杜绝被骗。

在中小学的校园中，会有哪些不怀好意的陌生人进来呢？

1．推销产品，以次充好。有一些陌生人谎称自己是××品牌的销售经理，到学生宿舍推销伪劣假冒产品。很多中小学生自身辨别能力不强，又想物美价廉，很容易上当受骗；有的陌生人会在宿舍没人的时候顺手牵羊，得手后溜之大吉。

2. 招代理，赚零花钱。有些陌生人会趁老师不注意时，进入宿舍楼，向学生宣传自己正在招代理，薪资高还不累，学习赚钱两不误。这时，可能会有同学难以抵制诱惑，落入圈套、上当受骗。

3. 假装找人。有的陌生人可能会在中小学生独自行走时假装问路，称自己要找谁，要去哪里，希望同学帮忙带路，然后在某个偏僻的角落对同学们实施抢劫、敲诈。

4. 冒用身份。有的人会称自己是公安人员、导演或新来的老师，让同学们带他熟悉熟悉校园环境，边走边跟同学们闲聊。从同学们口中套出信息后，找地方对同学们施加伤害。

因此，中小学生在学校遇到陌生人时，一定要提高警惕，不要落入陌生人的圈套中。以下是一些建议：

1. 不贪小便宜。不要购买陌生人在学校推销的所谓物美价廉的产品；不要贪图一点高额薪资就鲁莽加入代理；不要相信陌生人所说的任何神秘莫测的东西，如高分密卷、减肥茶等。

2. 不去偏僻的角落。如果陌生人要去学校偏僻的地方，同学们千万不能独自带路。同时，同学们不能充当热情的导游，带陌生人游览学校，还与之攀谈。

3. 脚踏实地。中小学生在学习、生活中都应当脚踏实地，不盲目崇拜“名人”“能人”，不用歪门邪道获得高分。要吃苦耐劳、好好学习，要知道天下没有免费的午餐，一分耕耘一分收获。

002 独自在家时遇到陌生人

家是一个传递爱的地方，它能为同学们遮风挡雨，带来安全感和幸福感。但是，家中也可能会发生一些意外，如被盗、入室抢劫等。虽然这些意外发生的概率很小，但同学们不应该忽视它的危险性。为了保护自己的家，任何微小的意外都不可忽视。独自在家如何应对陌生人是每一个中小学生必上的一堂课。

肖某是一名五年级的学生，父母工作很忙，常常自己一个人在家。这个周末，肖某听到门铃响，打开门后看到门外有一个陌生人，该人称自己按错门铃了。因为门大开着，对方把家里看得清清楚楚，判断只有肖某一人在家，强行进入，挟制住肖某，还把家里翻了个遍，最后将家里的两台笔记本电脑、一部手机和两万元现金全部拿走了。

小学生王某暑假常常一个人在家。有一天，她正在客厅看电视，听见门铃响了。她从猫眼里看见了一个穿快递服装的陌生人，手里拿着一个箱子。她想肯定是妈妈又在网上买东西了，打开了门。对方说："请问你爸爸妈妈在吗？麻烦他们签个字。""我爸妈不在，我代他们签就好。"话还没说完，对方便推门而入，把门反锁了，从盒子里拿出绳子、胶带，把王某捆在厕所里，然而开始翻箱倒柜，带走了家里所有贵重物品。等晚上王某父母回家时，王某已经晕倒在洗手间了。

萧萧今年上九年级了，个子很高，看上去像一个小大人，父母对他一个人在家很放心。这个周末，萧萧正在家里打游戏，听到门铃响，大声问："谁呀？""物业，来抄水表的。"萧萧把门打开了，并给对方指了厕所和厨房在哪里，就又抱着电脑继续打游戏了。忽然，萧萧感觉到脖子上被人架上了凉凉的东西，转头一看，查水表的"物业"把菜刀架在自己的脖子上。对方让萧萧交出家里的现金及贵重物品，对方生怕其离开之后萧萧报警，便把萧萧锁在了衣柜里，萧萧差点因窒息而死。

中小学生独自在家，遇到陌生人来访时，有的人会直接开门，一点防备心都没有；有的会先观察对方，看到对方穿着制服时放松警惕；有的会直接问对方来由，然后不假思索为对方开门。这些做法都是错误的，中小学生应该学会正确应对敲门的陌生人，不盲目开门，不跟陌生人搭讪。

一般中小学生独自在家时，有这些情况需要注意：

1. 直接敲门。有的陌生人会通过假冒身份，如物业工作人员、快递员、维修工等骗取中小学生的信任，使其放下警戒心理，自己打开房门；有的陌生人会表示自己按错门铃，假装要道歉，态度一般很诚恳，穿着也很正式，这使中小学生觉得对方不是坏人，主动打开房门。

2. 翻窗入室。有的陌生人翻窗而入进行抢劫，这种陌生人一般都是有备而来，他们事先观察好了路线，计算好了时间。

中小学生独自在家时，如何应对敲门入室、翻窗入室的陌生人呢？

1. 把陌生人关在门外。中小学生独自在家时，要锁好所有的门、窗，无论是任何人敲门，都不搭理，把所有陌生人拦在门外。

2. 给父母打电话。如果中小学生独自在家，遇到陌生人敲门，感到害怕的话要立即给父母打电话告知情况，请求父母的帮助。

3. 不要与歹徒搏斗。遇到陌生人翻窗入室抢劫时，中小学生千万不要跟陌生人硬碰硬，要假装听从陌生人的指挥，以免自己的生命受到伤害。

003 独自乘坐电梯时遇到陌生人

随着社会经济的发展，电梯成了人们生活中一种常见的工具，在商场、地铁、小区等地方，同学们都可以看到电梯。同学们在乘坐电梯时，除了要注意一些安全乘坐电梯的注意事项，还要注意一同乘坐的陌生人，尤其是回家独自乘坐电梯时，谨防被坏人跟踪。

杨某是一名中学生，一天放学进入单元楼电梯，按完楼层之后就埋头玩手机，电梯准备关闭时，一名男子冲了进来，杨某没有抬头，不曾注意到该男子未按楼层。过了一会儿，电梯到了，杨某埋着头出电梯，未曾注意到陌生男子尾随其后。杨某站在家门口，慢慢悠悠地掏出钥匙，刚打开锁，便被人推进家门，随即门被反锁，杨某才看见是刚才冲进电梯的陌生男子。该男子从怀里取出一把水果刀，让杨某不要吭声，然后在杨某后背猛打一下，杨某晕过去了。等杨某醒来，家里早被洗劫一空。

江某是一名五年级的学生，他乐观开朗、活泼热情，很惹人喜爱。有一次放学回家等电梯时，一名陌生人与江某搭讪，问江某家住几

楼，爸爸妈妈上什么班，家里有几个人……江某把知道的都告诉给了陌生人，还说爸妈经常加班，平常都是自己独自在家。电梯到了后，陌生人帮江某按了楼层，说自己跟他住同一楼层。电梯到了后，江某先下电梯，陌生人紧随其后，江某转身跟陌生人说再见，说希望他来家里玩。话刚说完，陌生人便问："那我现在能去你家玩吗？"江某点了点头。没想到陌生人一进家，立刻把门反锁，拿出绳子把江某捆住。最后，陌生人带走了家里所有现金、一台笔记本电脑和两块名表。

很多同学回家时需要乘坐电梯，在乘坐电梯的过程中，有的同学会忽略一同乘坐的陌生人，有的同学会跟陌生人交谈，这两种做法都不正确。中小学生在独自乘坐电梯，遇到陌生人时，要提高警惕，树立安全防范意识，以免受到伤害。

中小学生独自乘坐电梯，应该提防哪些陌生人呢？

1. 不按楼层。小区里的住户上电梯时都会按相应的楼层，中小学生若是遇到不按楼层的陌生人时，一定要提高警惕。

2. 向你打听家庭信息。中小学生在乘坐电梯时，一旦遇到陌生人主动向你搭讪，会像查户口一样问一些涉及家庭信息的问题，如爸爸妈妈几点下班、家里都有谁、门牌号多少……一定要倍加小心。

3. 一起下电梯。中小学生下电梯时，要是发现有陌生人跟着自己，一定不能麻痹大意，以为陌生人正好跟自己住同一层。

中小学生在独自乘坐电梯，遇到陌生人时可采取哪些措施呢？

1. 等对方先按楼层。中小学生独自乘坐电梯时，若遇见陌生人，一定要等对方先按楼层。

2. 站在报警按钮旁。中小学生若是与陌生人一同乘坐电梯，要站在报警按钮旁边，发生不测时立刻报警

3. 假装家里有人，告知自己在电梯。当同学们在电梯旁边看见陌生人时，可以假装在给父母打电话，大声告诉他们你正在电梯里，让他们给你开门。

4. 冲出电梯。发现陌生人时，中小学生不要与其交流，等电梯快要关闭时冲出电梯，看见小区里的熟人时，再跟他们一同乘坐电梯。

004

面对“好心”的陌生人

在日常生活中，同学们是无法从一个人的表面来判断出好坏的，好坏与长相无关、与穿着打扮无关。因此，同学们在面对“好心”的陌生人时，要时刻保持警惕，增强自身安全防范意识。

一年级的张某独自一人在小区的沙坑里玩，不知道什么时候一个“好心”的青年男子出现在张某身边，陪他一起玩，教他用沙子建城堡，还送他一把小水枪。不一会儿，张某就和这个“好心”的男子玩在一起了。该男子问张某肚子饿不饿，想带他去吃好吃的，张某点点头，跟着该男子走了。一周之后，张某才被警察找到。

小敏是一名四年级的小学生，最近开始独自乘坐公交车上学、放学。昨天，坐公交车回家，坐她旁边的阿姨非要把自己带的零食分给小敏，小敏拒绝了。最后，阿姨又拿出了饼干，小敏不好一直拒绝，只好接了过来。阿姨看她没吃，就对她说：“放心，我家孩子跟你差不多大，我不是坏人，吃吧。”小敏放松了警惕，把饼干放进了嘴里。不一会儿，小敏睡着了。公交车才过一站，小敏便被阿姨抱下车。几个月后，警察把小敏从人贩子手里救出。

中学生林某走在放学路上，突然下起了雨，一个陌生的阿姨把伞挡在他头上，对他说：“我送你回家吧。”然后把他的书包拿过来背在自己的背上。两人边走边聊，林某告诉阿姨自己的姓名、自己家住哪里，家里都有几个人，爸爸妈妈是做什么工作的……并把自己的电话告诉了她，说欢迎她来家里做客。一个周末，林某接到这个阿姨的电话，阿姨问他爸妈是否在家，林某说爸妈都加班去了，阿姨就说自己一会过来找他玩。不一会儿，门铃响了，林某看见是阿姨时，立刻把门打开。没想到一开门，两个男子就从两边推门而入，一名男子控制住林某，另外一名则和那个阿姨一起翻箱倒柜，把家里的贵重物品都带走了。

中小学生自身防范意识弱，这便给了陌生人拐骗的机会。虽然世上还是好人多，但是对涉世不深的中小学生来说，一定要提高自身安全意识，谨防遇到“好心”的坏人。

陌生人的“好心”会表现在哪呢？

1. 送你回家。以下雨、天要黑了、顺路、父母熟人等借口，送同学们回家。

2. 帮你背书包。现在中小学生的书包都很大很重，很多陌生人会假装好意帮同学们背书包，以此来博得同学们的好感，获取信任。

3. 送好吃的。很多陌生人会利用中小学生爱吃零食的特点，对同学们进行美食诱惑，而这些零食是很有可能被下了药的。

4. 陪你玩。中小学生喜欢玩，有时候放学还在路上玩耍。在同学们玩耍的过程中，遇到某个“好心”的陌生人来陪你玩时，千万不能因为玩得开心而对其放松警惕。

中小学生在面对“好心”的陌生人时，要做到：

1. 保持警惕。无论陌生人以任何借口接近你、帮助你、送你回家、陪你玩，都不能对陌生人放松警惕，要时刻做好逃跑、呼救的准备。

2. 保持距离。同学们在与陌生人搭讪时，要保持一定的距离，不能给陌生人带路。如果对方故意靠得很近，同学们要向反方向后退，必要时可大声呼救。

3. 学会拒绝。中小学生在与“好心”的陌生人打交道时，要学会拒绝，拒绝陌生人的食物，拒绝陌生人的好意。

4. 结伴而行。中小学生在上学、放学途中，要结伴而行，不要落单。中小学生独自一个人时，会难以抵制陌生人的“好心”，也很容易被“好心”的陌生人盯上。

005 不小心上了“黑出租”

“打车”是一种常见的出行方式，打车方便、不折腾、不用等，是很多中小学生很喜欢的出行方式。不过中小学生几乎不会独自一个人打车，因为打车对中小学生来说是有一定风险的。中小学生自我保护意识弱，对陌生人没有防备心理，很容易受黑车司机的欺骗伤害。因此，中小学生在打车时，要远离“黑出租”，提防出租车司机，增强自我安全防范意识。

九年级的王某暑假与朋友去北京八达岭长城，在德胜门换乘大巴时，发现人很多。天桥下很多“出租车”师傅在招揽顾客：“200元一位，不用排队，不堵车，直达长城。”甚至有的还热情地提示他们：“队伍很长，需要排很久的，到那里天都黑了，不如打车走吧，上车就走。”

王某和伙伴询问了一番价格之后，定了一个比较便宜的：每人150元，先给钱。王某还查了一下距离，认为车费不贵。车大概走了一个小时左右，在一个没有人的郊区，师傅突然让他俩下车：“你们给的钱就只够到这，要继续往前走的话，得加钱，每人200元。”王某看了下四周，荒无人烟，甚至手机都没信号。“可以，不过我们俩都没现金了，而且这个地方又没网，你把我们送到目的地了，我们再转给你。”“一会有网的时候转了就行，我会提醒你们。”本来从德胜门坐大巴车到长城只需要每人12元，可是王某和小伙伴却整整花了700元。

张某是一名五年级的学生，一天放学后，他感到不太舒服，想赶快到家，便打了个车回家。上车后，张某迷迷糊糊地睡着了。等他醒来时，发现自己在陌生的地方。“有人吗？”他大喊。“醒了，睡得好吗？”不知司机从哪冒出来：“我替你找了新的爸爸妈妈，他们一会儿就来接你，高兴吗？”看到张某好像还没听懂，他又换了种说法："小朋友，我把你卖了，5万块钱呢！"张某才明白自己上了黑出租，被司机拐卖了。过了一会儿，两个农民模样的30多岁的一男一女走了过来，把张某全身上下打量了一遍，而后冲司机点了点头，女方把张某捆绑起来，男方掏出一沓钱给司机。过了三个月，张某才被警察找到。

最近几年，因为"黑出租"出事的事件时有发生，出事对象有大中小学生、上班族等。黑出租司机不仅随意定价、绕道、甩客，有的甚至会做出一些违法犯罪的事。安全意识比较强的大学生、上班族都可能会因"黑出租"出事，就不用说还不谙世事的中小学生了。因此，中小学生在打车时，一定要有自我安全意识，保护自身生命、财产不受损失。

一般来说，中小学生上"黑出租"的原因有以下几种：

1. 不会区分"出租车""黑车"。在平常生活中，人们总是说打车走、打车回，很少会说打出租车走，导致中小学生以为只要是"车"就可以打。此外，很多中小学生不会分辨哪些是真正的出租车，有些甚至以为只要是外观像出租车的就可以。

2. 贪图便宜。有的黑车司机为了诱骗中小学生，会采用低价招揽顾客的方式。中小学生自制能力较弱，看问题眼光短浅，大多数情况只会看到眼前的利益，很容易中了"黑车"司机的圈套。

3. 赶时间。睡过头，上学要迟到，电影，话剧要开始，记错活动时间等，在遇到紧急事情的时候，中小学生很可能不小心上了“黑出租”。

4. 炫富。中小学生本来是上了正规出租车，可是在车上不停地炫富，使司机产生邪念。

如果中小学生不小心上了“黑出租”，要保持头脑清醒，想办法脱身。

1. 打电话告诉父母具体位置，并让司机听见。中小学生上车时，不能直接倒头就睡，要注意提高警惕，注意观察车内环境和司机的行车路线，一旦觉得不对劲，立刻想办法告知家人。中小学生上车时，可以给爸爸妈妈发语音信息：“我把车牌号发给你啦，一会儿记得来接我哦！”发现行车路线不对时，可以与父母共享位置：“这是我的位置，你看着点，快到时来接我。”让司机明白父母知道你所乘坐的出租车的车牌号，而且随时掌握你的位置，这样司机就不敢载你去陌生的地方，也不敢轻易对你下手。

2. 找借口拒绝二次收费。一般情况下，乘客要到目的地才会付车费。有的司机非得乘客先给钱才载客，然后在一个陌生的路口以各种理由把你赶下车，妄图再收取二次费用。中小学生在遇到这种情况时，出于自身安全考虑，可以适当地向司机妥协，对司机加价表示理解，然后告知他自己身上确实没有钱了，等到了目的地让家人给他，并保证不告诉家人这件事。

3. 妥协自保。中小学生如果遇到上车就拿刀对你进行威胁的司机，不要与之对抗，要按照他的要求指示走，交出身上财物，尽量记住他的面貌、声音，如果被带到陌生地点时，不能大哭大叫，以免激怒对方。如果不能确定百分百能逃跑或者求救成功，就不要轻易地逃跑、求救，耐心等待警察的救援。

006

旅行途中遇到的陌生人

当下，中小学生外出旅游的人数越来越多，在旅行的过程中，同学们不仅会看到陌生的地方、风景，还会见到陌生的人。中小学生在旅途中，如何正确跟陌生人打交道，不仅事关同学们的旅行兴趣，还跟同学们安全旅游有关。因此，中小学生要学会正确与旅途中的陌生人打交道。

泰某刚刚参加完中考，考得还不错，他想趁着假期出去旅游一趟。于是，他决定一个人去成都旅游。刚出火车站，便有一群热情的叔叔阿姨围着他，有的甚至帮他推着行李箱，“要住宿吗？”“要去哪儿？”“锦里去不去？”“熊猫基地专线。”“春熙路去不去？”泰某说自己要去玉林路，一个师傅立刻说：“走吧，我送你。”还没等泰某开口问价钱，师傅就拉着泰某的箱子往前走，泰某不得不跟上。半个小时后，师傅就说到了目的地，车费300元，泰某感觉被坑了，但又不敢反抗，只能乖乖付车费。

中学生张某在云南旅行途中，进入一家门店里看纪念品。老板问张某是哪里人，张某回答后对方惊讶地说：“真巧，我们是同乡呢！”两人开始聊家乡的近况。最后，老板说：“你在选纪念品吗？我给你介绍几款怎么样？咱们是老乡，我以成本价卖给你。”就这样，张某在所谓老乡那里，花了一大笔钱买了两件一点都不好看的装饰品。

小学生王某跟母亲去西安旅行，这天妈妈在前面排队取食物时，一个陌生的人递给王某一个兵马俑的玩具，说送给他玩。王某很喜欢，便接下了。等妈妈回到王某身边时，陌生人脸色大变，说王某将自己玩具弄坏了，要求妈妈赔偿，王某向妈妈解释说不是这样的，他给我的时候就是坏的。妈妈一看就知道王某被骗了，不想招惹事端，便赔了那人100元钱。事后，妈妈认真地向王某解释这件事情，并安慰他说还好这次不是什么贵重物品，但是不能有下次了。

旅行是一个见人、见世面的过程，能使同学们身心得到放松，能丰富同学们的精神世界，是一件很值得去做的事情。在旅行的途中，同学们会遇到形形色色的陌生人，在这些陌生人中，可能会有一些不怀好意者，他们利用中小学生喜欢热闹、爱吃、爱玩、对陌生人没有警惕等特点，拐卖诈骗中小学生。

中小学生在旅行的过程中，会遇到一些“热情”的陌生人：

1. 免费送吃的。那些“热情”的陌生人都很喜欢给同学们各种吃的，如特产、糖果、饼干等。

2. 免费带你玩。中小学生独自出门旅游时，如果遇到主动帮你拉行李、免费给你当导游、免费载你去景点的陌生人时，同学们一定要提高警惕。

3. 邀请你参与活动。同学们如果遇到“好心热情”的陌生人邀请自己参加某活动时，一定不能跟着去。

4. 趁家人不在身边，假装送你物品。中小学生在旅途中，独自落单时，陌生人假装送你玩具、饰品，同学们一定不能接。

在旅途中，中小学生如何巧妙地防范陌生人呢？

1. 学会拒绝陌生人。拒绝向你推销产品的陌生人，拒绝给你食物的陌生人，拒绝邀请你参与活动的陌生人，拒绝免费载你去景区的陌生人，拒绝给你提供更好住处的陌生人。

2. 结伴旅游，不独自出游。中小学生最好是跟家人、朋友一起出去旅游。中小学生天真善良，对人没有防备心理，很容易相信陌生人；中小学生涉世不深，身体还在发育，独自出游时，很容易被陌生人盯上。因此，为了更好更安全更愉快地旅游，中小学生应该与家人、朋友结伴出游。

007

和陌生网友约见面

中小学生与陌生网友聊天时间一长，难免会萌生见一面的想法，这无可厚非。但是，网络是一个虚拟的环境，电脑那端的网友长什么样、多大年龄、干什么的、是胖是瘦，都不能通过网络确认真假。中小学生要牢牢记住，陌生网友的所有信息都有可能是假的，面对网友邀约私下见面，要保持高度警惕，提高安全防范意识。

丽丽是一名九年级的中学生，几个月前她在网上认识了一个陌生的网友，总是向她诉说自己的心事，对方好像也很愿意听她诉说。虽然网聊时间并不长，但是丽丽很依赖他。上个周末，对方邀请她去他的住处见一面，丽丽答应了。丽丽根据定位来到网友的住处，发现那是一间旅馆，那位网友留着一头黄发，手臂上、脖子上全是文身，丽丽就想往外跑，结果被对方一把拽进屋里，遭到了强奸。

六年级的阳阳最近很喜欢聊天，他发现自己好像喜欢上了一个陌生的女网友，每天都想跟她聊天，甚至想见她，他把自己的想法告诉网友之后，网友爽快地说那就约个时间见一见。约会的那天晚上，阳阳拿了妈妈1000块钱，去往约定的地点。抵达约定地点后，阳阳发现这个地方太过偏僻，路灯也坏了。阳阳心中害怕，但一想到马上就要见到女网友，就咬牙坚持往前走。过了一会儿，一个20来岁的小混混向他走来，说：“喂，你就是那个小屁孩，身上带钱了吗？钱留下，人可以走了。”阳阳这才发现原来他的陌生女网友就是眼前的这个小混混，阳阳把钱留下，飞快地跑回了家。

中学生妮妮最近收到网友的邀请，想请她去某个咖啡馆喝咖啡，见面聊一聊。妮妮与该网友聊了快半年了，见过照片，也想去见见真人，便一口答应。这个咖啡馆在一个胡同里，人不多，妮妮一进去就看见照片上的网友，两人见面各点了一杯饮料，开始闲聊。一个小时之后，妮妮起身去厕所，回来发现桌上新增了一杯果汁，对方称再加一杯，妮妮谢过对方之后就喝了起来。过了一会儿，妮妮觉得不太舒服，对方称带她回家。等妮妮醒来之后，发现自己衣冠不整地躺在旅馆的房间里，而所谓的网友早已消失。

以上案例中，中小学生独自会见陌生网友，最终使自己身体受到侵犯、财产受到损失。这些案例在提醒同学们会见陌生网友时，要注意保护个人人身安全，提高警惕，以免受到陌生网友的侵犯。不是说禁止同学们去会见陌生网友，而是告诉同学们不要轻易与陌生网友会面，在与网友会面前要做好充分准备，要保证自己时刻处在安全的环境下。

中小学生在收到陌生网友邀约，私下见面时，要先问问自己以下几个问题：

1. 有没有见面的必要。如果与陌生人只是聊一些不痛不痒的小事情，而彼此都不曾坦诚相待，你不知道对方姓名，他不知道你的年龄等，这样的网友就没有必要见。

2. 对方是否在诱导自己赴约。中小学生在受邀时，要好好琢磨对方是不是有意在诱导你赴约，如果是这样的话，对方可能会别有用心。

3. 想想自己为什么想要去赴约。中小学生在收到网友邀约时，问问自己为什么要去赴约，是因为自己对对方抱有期待吗？自己想

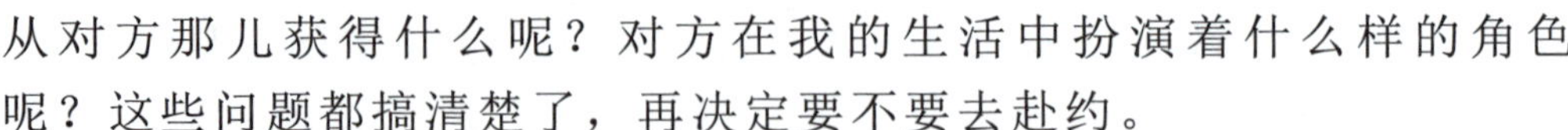

从对方那儿获得什么呢？对方在我的生活中扮演着什么样的角色呢？这些问题都搞清楚了，再决定要不要去赴约。

4. 是否了解对方。中小学生见陌生网友之前，问一下自己是否知道对方的职业、家庭住址、工作单位、手机号码，对方发的照片是本人吗？对方的身份证信息是什么呢？

如果中小学生决定要去见陌生的网友，那就需要注意以下事项：

1. 不独自约见陌生网友。中小学生答应跟网友见面时，可以先跟父母商量，让父母陪着去；若是不敢告诉父母，也可以告诉自己的闺蜜、同学，带上他们去赴约，并提前告知要见面的网友。

2. 见面地点必须是人多的公共场合。中小学生与陌生网友见面时，一定要选择像麦当劳、广场、商场等公共场所，不要去小巷、夜店、KTV、酒店等地点。

3. 不在晚上见面。见面时间要选在白天，以防对方有不好的企图。

4. 不离席、不喝酒。与陌生网友吃饭期间，不要离席去洗手间，以防陌生网友对饮料、食物动手脚；不要与陌生网友喝酒。

5. 不搭乘对方车。选择公交车、地铁等公共交通工具。会见完之后，同学们不要乘坐对方的车，要选择公交、地铁等公共交通回家。

6. 穿着得体，不要太暴露。会见网友时，衣着要大方、得体，不宜穿太暴露的衣服，以免给对方造成错觉；也不能太随意、邋遢，以免让对方觉得你不尊重他，对你产生敌意。

第六章

遭遇拐骗，学会自我保护

有时候，意外会突然间降临到同学们身边。不经意的一个转身，竟然发现有陌生人在跟踪自己；从某辆车旁路过时，被陌生人强行拉上车，不小心被坏人抓走，手脚都被捆住……我们希望每一个中小学生都去学习了解这些事件中的自我保护知识，因为掌握这些知识没有任何坏处，却可能会有天大的好处。

001

被坏人跟踪时的应对方法

放学路上，不经意转头时，发现有人很不自然地回避你：你向前走时，他跟着你；你过马路时，他跟着你；你从下一个路口绕回出发地时，他还跟着你。这个时候，同学们就可以断定自己被跟踪了，要立即采取措施甩开跟踪者，保护好自己。

中学生刘某在排队等公交车时，一名陌生男子站在其身后。刘某总感觉有人在盯着自己，时不时往后看，没有发现任何端倪。过了一会儿，刘某上了公交车，陌生男子也上了车，并且紧贴着刘某。刘某自觉地挪了位置，没想到陌生男子还是紧贴着他。刘某狠狠地瞪了对方一眼，车一停就下车了，陌生人没有下车，刘某深呼了一口气。打算取下书包，在站台坐会儿，等下一辆公交。这时，他发现，书包拉链没拉，钱包不见了，他才明白，原来那个陌生男子是个小偷，可是公交车已经走远了。

三年级的肖某已经开始独自上学、放学，不再让家里人接送。可是上周三发生的事情，让肖某的父母心有余悸。在周三放学回家的路上，有个陌生的叔叔突然抓住肖某的衣领，肖某大声喊“救命”，结果对方说他的领子歪了，帮他理正，然后继续跟着肖某。肖某觉得对方不像是好人，于是径直走进警民联防执勤点，将被跟踪的事情告诉执勤人员，请执勤工作人员给其父母打电话，过来接他。肖某父母接到电话立刻赶来，并去附近汽车厂调取了监控，发现这个陌生人的行踪确实很可疑，不像正常人，立刻报了警。

小夏今年六年级，前两天她遇见了一件可怕的事：她被人跟踪了。这是发生在放学回家路上的事，小夏本来是跟几个顺道的同学一起回家的，可是与同学分开后，她突然发现一个穿着破烂、头发乱糟糟、一身肥肉的坏人冲她走来。小夏看见周围没有一个人，便开始加快脚步，结果小夏看见陌生人也加快脚步，甚至跑了起来。

小夏慌忙往前跑，陌生人也开始跑，就在小夏觉得逃无可逃时，拐角处走出了一对情侣，小夏立刻大呼救命，陌生人才离开。

坏人在寻找猎物时，会通过各种各样的方式，跟踪便是最常用的一种。坏人会通过跟踪同学们，了解同学们的行动规律，掌握同学们的家庭住址，寻找人烟稀少、偏僻的地方对同学们实施暴力。因此，同学们在回家的途中，要提高警惕，学会识别是否有人跟踪，甩掉跟踪的坏人，保护自身生命、财产安全。

中小学生发现有人跟踪自己时，要迅速采取保护措施：

1. 迅速观察环境。发现有人跟踪自己时，立刻观察周围环境，记住哪条路通、那条路不通；哪儿人多、哪儿人少；自己离派出所有多远，附近有没有商场、超市等。

2. 甩开坏人。根据对环境的观察立刻行动，向人多的地方跑，或向派出所跑，千万不能往死胡同、小巷子、人烟稀少的地方跑。

3. 与父母联系。跑到人多的地方后，立即与父母联系，告诉父母事情的经过，让父母过来接自己。

4. 故意触动路旁车辆报警器。在跑的过程中，若是路旁车辆有报警器的话，报警器的声音可以给坏人一种震慑。

为了避免被坏人跟踪，中小学生平时要注意以下几点：

1. 结伴而行。中小学生在放学回家或外出参加活动时，要与朋友结伴而行，尽量不要单独行走。

2. 走大路。中小学生应当顺着大路、繁华街道走，不要企图抄近路，冒险走小巷子、胡同等狭窄、黑暗、偏僻之地；要远离有树木、废墟、杂物、深坑等的地方；要及时回家，不在放学路上逗留，以免坏人趁天黑作案。

3. 不炫富，不透露自己的家庭情况。中小学生不要向陌生人透露自己的家庭情况，以勤劳朴素为荣，远离骄奢淫逸，不炫富，不露财，以免让坏人盯上。

002

被强行拉上车时巧妙应对

人贩子，是潜伏在每一个中小学生身边的巨大危险，让每一个家长都提心吊胆。孩子承载着一个家庭的希望和幸福，一旦被人贩子拐走，不仅毁了一个幸福的家，还可能失去孩子年轻的生命。人贩子会通过很多方式拐骗中小学生，强行拉上车便是其中一种。因此，中小学生在被陌生人强行拉上车时，要学会巧妙应对，机智逃离。

14岁的周某带着比自己小两岁的弟弟去上学，两人在经过垃圾堆时，被两名陌生的男子强行拉上车。父母找了半个月无果。一个月后，父母接到警察的电话，说两个孩子已经找到了，但是都遇害了。父母无法接受现实：母亲从此变得疯疯癫癫，父亲变得郁郁寡欢，家里再也没有笑声。

五年级的小梅沿着街道走路回家，走到一辆面包车前时，被一双陌生的手拽住使劲往车里拉，对方还试图堵住小梅的嘴。小梅不停地挣扎，使劲地大喊，不承想对方竟打了小梅两个耳光。情急之下，小梅抓起一块石头，猛地向路旁的车窗砸去，车窗玻璃被砸坏，报警器一直叫，陌生男子立刻放下小梅，开车跑了。

今年春节，三年级的小娜在家正打算写寒假作业，却发现家中没有作业本，需要下楼去买。

当时，家里的大人都在忙，而小娜对小区很熟悉，常常一个人出去玩，于是家人放心地让她下楼了。楼下的超市门口停了一辆车，车外边站了一个戴着墨镜和口罩的人，小娜从车门口路过时，被车外的人强行推上车。车上还有另外一个人，也戴着口罩和帽子。车开了一段时间后，一个陌生人下了车，小娜趁机从车上跳下来，跑上了一辆公交车，引起了公交车司机师傅的注意。小娜把自己地址告诉公交车司机师傅，后来被司机师傅安全送到家。

被人贩子拐骗的中小学生，有的被卖到了边远山区，有的被打残上街乞讨，有的被挖去器官失去生命等。无论是哪一种，都足够毁掉孩子。

因此，同学们要提高警惕，保护好自己，不要让人贩子得逞。

如果同学们被人贩子强行拉上车，一定要学会巧妙应对，以下是几种应对措施：

1. 破坏物品，制造事端。中小学生如果被陌生人强行拉上车，可以故意破坏周围的物品，比如砸坏旁边车窗、损坏公共物品、破坏商家商品、抢夺行人钱包等，制造一些引人注目的、破坏性的事端，最好能让受害人报警。

2. 有指向性地求助。同学们在求救时不要盲目地喊“救命”，陌生的路人都有多一事不如少一事的心理，会害怕这是一个陷阱，不想主动去多管闲事，惹祸上身。而如果有指向性地喊（比如，那个戴眼镜的、穿白衬衫的叔叔）的话，听到的人会有使命感，会增加获救的概率。

3. 就地卧倒。中小学生可以就地卧倒，大声喊叫，如果旁边有建筑物的话，可以牢牢抱住建筑物。

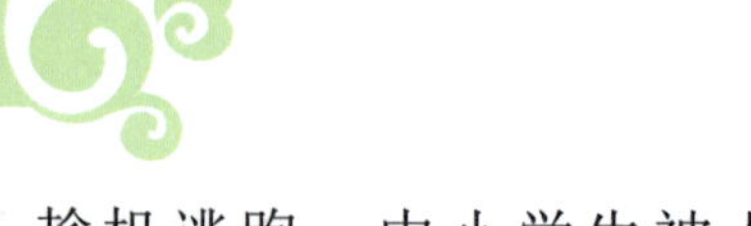

4. 击对方要害部位，趁机逃跑。中小学生被人强行拉上车时，可以用脚或者手头的任何具有攻击性的工具攻击对方的要害部位，如眼睛等，然后，趁机向人群跑去。

为了避免被人贩子盯上，中小学生应当做到：

1. 与陌生人保持距离。中小学生在路上遇见陌生人搭讪时，要与其保持距离，不要让行人误以为你们很熟。当陌生人强行拉你上车时，不会让行人产生错觉。

2. 走人行道里侧，不要靠近车道走。中小学生要养成走人行道里侧的习惯，不要沿着路边的车辆走，遇到车辆旁边站着陌生人时，绕开走。

3. 与好朋友、闺密同行。一般情况下，在中小学生单独行走时，陌生人才会强行拉中小学生上车。因此，中小学生不要给陌生人作案机会，出门要与朋友、闺密在一起。

003 被当作人质时的自我解救策略

有些不法分子会通过挟持绑架孩子，向孩子的父母勒索敲诈，还放出狠话："不按时给钱，就撕票。"有个别不幸被绑架作为人质的孩子已经被这些不法分子中的某些人残忍地杀害了。虽说现在已是法治社会，但我们却不能对犯罪分子有任何疏忽，尤其是中小学生，身体还在发育中，力气小、防范心理较弱，很容易被犯罪分子挟持作人质。因此，了解一些被当作人质时的自我解救策略，对中小学生来说是没有害处的。

2014年3月21日，五年级的小青在上学途中遇见了一名陌生男子，该男子称自己是小青同桌的哥哥，从妹妹那里知道了小青的住处，因为妹妹把昨天的作业落在家里，想请小青帮忙带到学校。小青没有怀疑，跟着他进了一个小区，来到了他家。刚一进门，对方就让小青给爸爸打电话，让爸爸送5万块钱过来赎人，小青家人接到电话后立刻报了警。警察通过电话信息很快就查到了陌生男子所在的小区，并化装成物业工作人员，来到嫌犯租住的门口敲门。嫌犯听到敲门声，立刻把小青藏在柜子里，用毛巾堵住其嘴巴。小青听到警察的声音，用身体猛烈撞击柜子，引起了警察的注意，最终获救。

2016年11月，小学生白某在回家的途中，被陌生人劫持，劫匪向其家人索要10万元赎金。警察接到家人报警后，以保障人质安全为前提，迅速成立专案组，省、市、县三级公安机关相互配合，全面开展工作。但嫌疑人生性多疑狡诈，采用外地非实名手机卡，多次更改交钱地点，采取索要赎金人与人质分离等手段，使得警方的工作难以开展。与嫌疑人持续僵持一天一夜后，警方最后锁定犯罪嫌疑人吴某，并确定白某被其拘禁在家中，于是悄悄包围了吴某家。吴某发现自家被包围之后，便把菜刀架在白某脖子上，威胁警方。

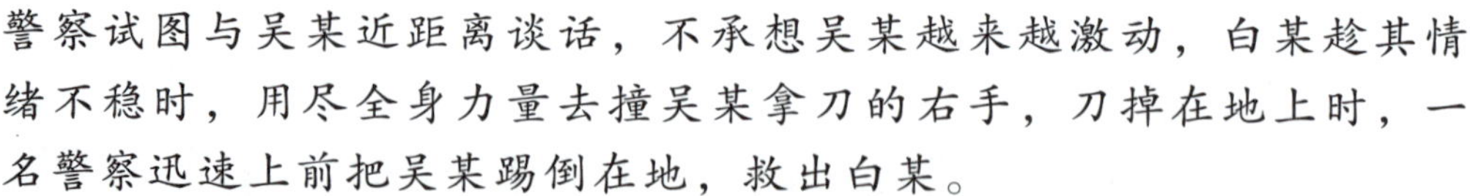

警察试图与吴某近距离谈话，不承想吴某越来越激动，白某趁其情绪不稳时，用尽全身力量去撞吴某拿刀的右手，刀掉在地上时，一名警察迅速上前把吴某踢倒在地，救出白某。

中小学生被陌生人劫持后，像案例中小青、白某这样冷静的不多。正常情况下，中小学生被劫持，见到真刀真枪时，都会因为极度恐惧而失控大哭，但是这样是很容易被歹徒伤害的。中小学生属于弱势群体，遭到绑匪劫持时，很难与绑匪直接硬碰硬。因此，中小学生被歹徒劫持为人质时，要学会保护自己。

中小学生被陌生人劫持作为人质时，要做到以下几点：

1. 保持冷静，不盲目反抗。同学们被绑匪劫持时，不要因为过度紧张害怕而大哭大闹、盲目反抗，这样很容易被绑匪伤害。因此，即便是害怕也要让自己冷静下来，保持头脑清醒，保护自身安全。

2. 顺从歹徒要求，不要激怒歹徒。如果同学们被绑匪劫持，一定要听从绑匪吩咐，不要挑战绑匪的耐心，更不要做一些激怒歹徒的行为，如绝食、逃跑等。

3. 不要主动开口说话。如果歹徒询问家里情况时，只要告诉爸爸名字及电话号码即可，其他都不必多说，如果歹徒没有问话，就不要开口说话。

4. 没有把握时，不要试图逃跑。在不熟悉周围环境和不确定有几个歹徒的情况下，同学们没有逃出去的把握，不要试图逃跑，以免惹恼歹徒，伤害自己。

5. 警察与歹徒搏斗时，趴在地上。警察在解救人质的过程中，可能会有打斗的场面，为了避免打斗伤害到自己，在警察与歹徒搏斗的时候，同学们要尽可能地趴在地上。

004 坏人闯入家中的应对策略

有的学生父母工作比较忙，没有太多时间陪伴孩子。有时候，中小学生需要一个人在家。家相对来说是一个比较安全的地方，但也不排除有坏人闯入的可能。因此，中小学生独自在家时，不能放松警惕，要学会一些防范和应对坏人的技巧，以防坏人闯入家中，因应对不当而受到不必要伤害。

何某是一名八年级的中学生，一日放学回家时没有及时关门，一名陌生的男子趁机闯进家门，此时家中只有何某一人。何某便大声呵斥陌生男子，还做出了要打架的架势，陌生男子也不怕，两人便开始扭打起来，后来陌生男子急了，掏出一把刀向着何某砍去。最后，何某因失血过多死亡。

中学生小孟周末在自己屋里玩游戏，听到屋外有动静。他立刻警惕起来，悄悄将屋门打开一个缝隙往外看，看见一名陌生男子，拿着刀在客厅里翻找东西。于是他轻轻地把房门关上并反锁，拿起手机报了警，并给父母发了信息。一会儿，他的房门响了一下，是小偷来到他门前了。“哎呀，妈，今天周末，您就让我再睡会儿。”小孟大声说道。小偷走开了，去了隔壁房间。不一会儿，爸妈和警察赶到，爸爸把门轻轻打开，警察进屋抓住了小偷。

小康是一名五年级的学生，父母工作忙，总是一个人在家。一天，她独自在家看电视时，一名陌生男子从窗户跳进家来。“不要怕，我不伤害你，你告诉我家里钱放哪里了，我拿到钱就走。”男子说。“在……在我爸妈屋里，我……我……带你去。”小康结结巴巴地回答道。然后带着小偷进了爸妈的屋，指了指衣柜，衣柜里有2000元钱，小偷拿到钱之后，“还有其他地方有钱吗？”小康摇了摇头，“那好吧，我相信你，我走了，你不能报警哦，否则我再进来砍死你。”然后小偷开门走了出去。小康立刻轻轻关上门并反锁，然后把家里所有的窗户锁上，用家里座机报了警，并给父母打了电话。

以上案例是中小学生独自在家，遇到坏人闯入时的应对方法，何某的斗争、小孟的机智、小康的妥协，采用的是不同的方法。可以看出，方法不同，结局也不一样。很显然，何某的做法显得有点莽撞，最终导致自身生命受到伤害。中小学生独自在家，遇到坏人闯入家门时，要采取正确的应对策略，不能鲁莽冲动，以防受到更大的伤害。

那么，坏人闯入家门时，正确应对策略有哪些呢？

1. 冷静，不惊动坏人。坏人在作案时，心里难免会慌张，害怕暴露。如果这个时候同学们大喊大叫，让坏人受到惊吓，坏人很容易失去理智，做出伤害同学们的行为。因此，在遇到坏人闯入家里作案时，同学们要冷静应对，不要惊吓到坏人。

2. 妥协，保护生命。同学们要时刻牢记生命第一，当坏人闯入家里时，不要企图与坏人搏斗，以防被坏人用所持刀具、利器伤害。告诉坏人财物的位置，取得坏人的信任，让其对你放松警惕，不采取过激行为。

3. 反锁门，悄悄报警。如果小偷进来时，你正在自己的房间，而小偷并不知道你在家，同学们要立刻反锁住自己房间的门，想办法报警。手头有手机时，立刻报警并通知父母；手头没有手机时，可以往楼下扔东西，引起其他人的注意，然后搬一些重物堵住门。

为了避免坏人闯入家中，中小学生要做到：

1. 锁好门窗。中小学生平时一个人在家时，要锁好所有门窗；外出玩耍时，也要锁好所有门窗，以防坏人闯入。

2. 保管好钥匙。为了防止钥匙丢失，中小学生喜欢把钥匙挂在脖子上，这个时候很容易被坏人尾随，然后夺取钥匙入室抢劫。所以，要把脖子上的钥匙放到衣服里，或将钥匙放在衣服的口袋里，以免丢失或者被偷。另外，当同学们发现自己钥匙不见了，要及时告诉父母，马上换锁。

3. 不给陌生人开门。中小学生一个人在家时，有陌生人来访，无论对方是什么身份，穿着打扮如何，要干什么，要找谁，都不要开门。

4. 快到家时，回头看看身后有没有人。中小学生快到家，掏钥匙开门前，要注意观察一下周围是否有人，谨防开门后坏人强行进屋。

005

被绑架到陌生的地方时的自救

一般情况下，绑匪在绑架人质后会立即转移。在转移的过程中，绑匪会采取措施让人质看不到转移路线，比如将人质打晕、用布把人质头蒙住等，人质醒来后会发现自己在一个陌生的地方。假如同学们就是这个被绑到陌生地方的人质，应该如何自救呢？

中学生小生在放学回家路上被绑匪绑架，被绑到一个陌生的地方。小生醒来之后，发现自己在一个帐篷里，他滚到帐篷门口，从缝隙里往外看，看见不远处坐着一男一女，好像在吵架，他又向周围其他地方看了看，没有发现其他人。他想绑匪应该就只有两个人，而且绑匪正在闹矛盾，一时半会儿不会管他，也许他可以趁这个时候逃跑。

小生看了一圈帐篷里的物品，试图找个什么东西把绳子割断。目光扫了一圈之后，没发现像玻璃、匕首这样的尖锐物品，小生只好试着在桌子边上磨。小生背靠着桌子，一边使劲地上下扯双手，一边把绳子靠在桌边磨。过了一会儿，他觉得好像绳子松了一点，便更大幅度地上下扭动。不一会儿，他便挣脱了绳子，迅速地从衣服口袋里掏出自己的电话手表，给父母发了定位，让父母报警。幸好绑匪没有搜他的身，他还能向外界求助。

求助完之后，小生立刻解开脚上的绳子，他小心翼翼地打开帐篷，看见两个绑匪还在吵架，他们身边好像放了两把刀。小生退回帐篷，小心翼翼地把帐篷后面戳破，他看到帐篷后面是一片树林，小生想这是在某个山脚吗？我往树林里跑能逃脱吗？小生把帐篷拉链轻轻地从下面拉开，慢慢地爬出来，一点声音都不敢发出，生怕前面的绑匪听见声响。

逃出帐篷之后，小生便拔腿往树林跑。绑匪看见小生跑了之后，拿着刀就追上来。这个时候，传来了警车的声音，绑匪因为害怕，上车逃跑了。

案例中的小生冒险逃脱，如果警察不及时赶到的话，小生很有可能受到更大的伤害。但是，一般人质没有小生这么幸运，能直接向外界发信息求助。如果被绑匪绑到一个陌生的地方，没有任何通信工具向外界求助时，同学们应采取哪些方法自救呢？

中小学生被绑到陌生地方时，需要做以下几件事情：

1. 确定绑匪意图。在被绑匪绑架之后，同学们除了要注意绑匪人数之外，还要注意绑匪的对话，弄明白绑匪的意图：绑匪企图把你当作人质，向家人索要赎金；绑匪想要把你的器官卖了赚钱；绑匪是人贩子，专门拐卖儿童；等等。同时，还要注意绑匪随身携带的凶器，是否有枪支弹药等危险工具。

2. 观察周围环境。中小学生若是被绑匪绑到一个陌生的地方。如果周围空旷偏僻，一眼望去没有人烟，同学们就不要盲目地大声呼救或者企图逃跑，这样的环境逃脱的可能性几乎为零；如果是被绑在居民楼里，同学们可以通过向外扔字条的方式求救或者用东西敲击暖气管、下水道管引起别人的注意；如果在废弃的大楼里，同学们可以寻找大楼的下水道，试着从下水道逃走；如果是在山里，就要看具体环境。

3. 拖延通话时间。如果被绑作为人质，在绑匪让人质与亲属通话时，同学们要尽可能地暗示或透露自己所在的位置，尽量拖延通话时间，以便公安机关确定通话地点，及时解救。

为了减少被绑匪绑架的可能，中小学生在平时一定要注意以下事项：

1. 与陌生人保持距离。路边陌生人问路时，不要上车带路；就算遇到陌生老爷爷、老奶奶搭讪，也不要为其带路；不要吃陌生人的食物。

2. 不单独行动。中小学生出门时，应该在家长的陪同下或者与朋友结伴出行，尽量减少独自行动。

3. 遇到绑匪时，要保持冷静。中小学生在遇到绑匪时，一定要让自己冷静下来，观察环境，寻找逃脱的机会。

006

被捆绑起来时巧妙脱困

中小学生出门时，家长常常会说："注意安全。"注意安全不仅仅是指交通安全，还包括人身安全、财产安全等；学校常常对中小学生进行安全知识和安全防范措施教育，如多人结伴而行、不轻信陌生人、遵守交通规则等。可以看出，学校、家庭对中小学生安全问题高度重视，提前做了很多的预防教育措施。中小学生被捆绑时，如何巧妙脱困也属于安全知识范畴。

小学生张某今年12岁了，父母平时生意忙，没时间管他，他平常都是自己一个人在家。张某常常去邻居家找朋友玩，玩累了就睡在邻居家。有一天，张某妈妈醒来时收到一条短信：妈妈，我想吃火龙果，快给我送过来。这是儿子用陌生号码给其发的短信，张某妈妈知道儿子有密集恐惧症，看到火龙果的籽就非常害怕，更不会去吃火龙果，于是立刻报了警。

张某确实是被人贩子绑架了，后来被警察救了出来。张某说他趁人贩子睡着的时候，把他的手机弄到地上，用脚给妈妈发的短信，发完立刻删除，然后制造出是因为自己挣扎把手机弄掉了的假象。

小辉今年10岁，有个叔叔在城里开火锅店，假期都比较忙，每年寒暑假，父母都会带着小辉去城里帮叔叔。今年寒假，父母又带着小辉去城里，一家三口住在员工宿舍里。

一日，小辉独自一人在员工宿舍写作业，突然被人用布蒙住头，反绑住双手，推到床上趴着，紧接着便是一阵翻箱倒柜声。过了一会儿，那个人问小辉身上有钱没，然后在小辉身上搜了一通。小辉知道这个人是个贼，听声音应该是个男人。

过了一会儿，小辉听见屋里没了声音，便使劲地扭动双手，很快将双手解脱出来，扯下了蒙在头上的布。

但是小辉没有立即跑出去找父母，而是走到门边，轻轻地把门反锁，继续做了一个小时作业，才去找父母说这件事。父母问他为什么逃脱后不第一时间找他们？

小辉对父母说："反正宿舍里也没钱，没贵重物品，自己又没事，不着急告诉父母。万一我下楼时遇到小偷的话，岂不是更危险？"

中小学生被绑匪捆绑后，因自身各方面的原因，不能与绑匪斗勇。不过，条件允许的话，倒是可以与绑匪斗智。比如，案例中的张某、小辉就做得很好。那么，如果同学们被绑匪捆住时，关在一个小屋里，如何巧妙脱困呢？

1. 巧妙利用周围的物品。如果被绑匪用绳索捆住手，关在屋里时，可以观察周围的物品，看有没有尖锐物品、碎玻璃片、桌子、椅子等，然后借助这些东西解开手上的绳子。没有玻璃片的话，也可以借助桌边、椅子边慢慢磨绳子。

2. 打滚，翻转。如果双手被反绑着，同学们可以通过在地上打滚，滚到墙角，借助墙的力量翻转，把捆在后面的双手翻到前面，然后用牙齿咬断绳子。

3. 使劲扭动双手。双手相互配合，上下用力扯。

4. 绷紧肌肉。在被绑匪捆绑时，同学们要绷紧肌肉。这样，等肌肉放松下来时，绳子不会太紧，相对容易挣脱。

不过，如果同学们没有把握能逃脱的话，还是不要轻举妄动，以免被绑匪伤害。同学们被绑匪劫持时，要注意以下事项：

1. 不哭、不闹、不随便开口。如果同学们被绑匪劫持了，一定要保持冷静，不要跟绑匪斗争，不要大声哭闹，不要破口大骂，不要做任何可能惹恼绑匪的行为，以免对方一怒之下做出过激的行为。

2. 观察周围环境。同学们逃跑之前，一定要先观察周围的环境，如果是空旷、偏僻的地方，同学们就不要冒险逃跑。